キャリアデザインと
コミュニケーション

岩波　薫　[著]
峯瀧和典

創成社

はじめに

　書店にはキャリアデザインや就職活動に関連したコミュニケーション力の養成を標榜する書籍が多く並べられています。しかし、筆者の経験からは大学や専門学校でのキャリアデザインや就職活動支援関連の授業、また若手社会人の階層別研修などで使いたいと思えるテキストになかなか出合うことができませんでした。

　本書で扱う領域に関しては、今のところ理論的には経営学、心理学等の知見が雑然と混ざり合い、統一したディシプリン（学術的視座）はないように思われます。またキャリアデザインやコミュニケーションの領域は、頭で理解するだけでなく実際に使うことができなければ意味がない訳ですから、実践的な訓練や習得手法が必要なはずです。

　大学や専門学校の授業を担当し、厳しい就職環境のなかで戸惑う学生たちと接するなかで、どのような授業がよいのか試行錯誤してきました。もっと「バラバラでない知識」、「もっと生の情報」、「もっと実践的なノウハウ」、そして「学生自らが内発的な気づき」を得られるような機会を提供することはできないものかと考え続けてきました。

　そんな中、起こったのが昨年の3月11日の東日本大震災です。われわれ日本人がお互いに助け合う心を失っていないことに一方で誇りを感じながらも、他方で専門的な知識や技術がタコツボ化し、全体を見通し統御する力を我々は失いつつあるのではないか。そんな危惧を抱いた人も多かったのではないでしょうか。筆者もその一人です。

　震災からの復興に汗する人々の映像を毎日テレビで眺めながら、やっとふっ切ることができました。キャリアデザインの全体を俯瞰しつつ、実践的なコミュニケーション力をつけていくための具体的なノウハウも提供する。そんな大それたことができるのかと迷っていましたが、同志との劇的な出会い、そしてたとえ不十分でも、今、できることをやらなければならないとの思いに突き動かされて作られたのが本書なのです。

〈本書の寄って立つ考え方〉

　まだ試論の段階ではありますが、本書で寄って立つべき視座としたのは「和」の心と「道」の精神です。心と体は「和」してこそ健全に働くものです。デカルト的な二元論が科学の進歩に役だったことは認めますが、すべてが二元論的に分断して済まされる訳ではありません。心だけの存在、身体だけの存在はあり得ないのであり、古くからいわれる通り我々が生きて行くうえにおいて、「心身一如」の状態が理想であるはずです。

このバランスに歪みが生じますと、身体的、精神的なストレスを感じるのでしょう。したがって、本書では一方的な関係ではなく、相互的な関係、また一部ではなく全体をバランスよく見通すマクロ的な視座を重視していきます。

　一方「道」の精神を端的にいえば、スポーツと武道の違いに表れます。スポーツは体力のピークが強さのピークと重なりますが、武道は決してそうではありません。また、相手に試合で勝ってガッツポーズを取ることもありません。臨終のその時まで、相手を活かし自分も活かす為に修練を積むことが道であると捉えておきたいと思います。

〈本書の特徴と使用方法〉
　本書は、前半の理論編と後半の実践編に分かれています。前半の理論編では、バラバラに提示されがちなキャリアデザインとコミュニケーションの基礎的な知識をできるだけ統一的に感じ取れるように説明を試みました。また、学生時代の過ごし方について参考になるような視点も提示しておきました。

　後半は実践編です。キャリアは実際に自分でデザインしていくものですし、またコミュニケーションの知識や技法も使えて初めて意味が出てきます。本書ではそういったプラクティスの面を重視し、具体的な手法を示し、解説し、実際の授業時や読者が自宅で試してみることができるようなトレーニングを載せてあります。また、全編を通じて、関係するコラムを設けて、社会で活躍する諸先輩から現場の生の声をお届けしています。ぜひ、「臨場感」をもって学んで行って頂きたいと思います。

　本書は、大学や専門学校でのキャリアデザインや就活対策に関するコミュニケーション、また若手社会人の階層別研修等のテキスト・参考書を想定して作りました。本書は机上で学ぶだけではなく、一定のコミュニケーション能力と社会経験を有するファシリテーターの下、あるいは比較的少人数で議論や意見交換しながら「実習」することでその効果をより発揮するように作られています。大教室での授業や、読者が独習される場合は、トレーニングの部分を重視し、その結果を教員や身近で信頼できる社会人、友人と共有しながら、どうか臨場感をもって学んで頂けると効果が上がるものと思います。

　最後に本書の制作を支えてくださった同志の方々、コラム執筆者の方々、出版社の方々、そして先人の先行研究に感謝したいと思います。そして、まだまだ未完成ともいえる本書の制作を決断するきっかけとなったのは東日本大震災でした。その被害にあわれたすべての方々の鎮魂と、早期の復興を心よりお祈り申し上げたいと思います。

　平成 24 年　陽春

岩波　薫

推薦の言葉

　包括世界の一員としての日本を考える時、日本人固有の考え方からなるコミュニケーションや、昨今とりざたされるキャリアデザインの方向性を再検討する必要があります。最も重要であるのは、その言葉にある意義と意味の理解に他ならないからです。この題材を日本語に置き換える時の意義と意味の解釈が曖昧にならぬ様に、日本固有の解釈にまで落とし込み、世界に向けて、日本人固有の意義を果たすべく、その聖典と成ることを深く期待するものです。註釈すれば、コミュニケーションは、日本感に置いて（以心伝心）をすることと解き、キャリアデザインに至っては（実践に於ける体系）と解けるのではないでしょうか。コミュニケーションたる言語動作が多様化する中で、事の本質や物の本質を観誤らないことこそが最も重要です。文明の多極化の中で語るべき言語の本質をしっかりとわきまえて語ることや、その本質をしっかり伝えることにたち戻ることこそが現代を生きるうえに置いて転ばぬ先の杖たる金言であるように伺えます。正にこの書籍が迷盲誤解の現代社会を切り開く糧と成ることを心より祈るものであります。

観光庁エンタメ観光マイスター・古神道修行者

表　博耀

目　次

はじめに
推薦の言葉

第1部　理　論　編

第1章　和心の原点 ——————————————— 3
1．日本の原点に立ち返る　3
2．自分を見つめ直すことの大切さ　5
3．はたらく環境の変化　6
Column（おもてなしは　大和の心：山本えり）　8
Column（日本舞踊とコミュニケーション：西川影戀）　11
Voice（自分自身と心から向き合う：濱口大樹）　12
Voice（禊から自分をみつける：大西祐也）　13
Voice（日本の古き良き伝統を見直す：藤城智也）　14

第2章　キャリアデザインに関する基本知識 ——————— 15
1．はじめに　15
2．モチベーションとリーダーシップ　15
3．キャリアデザイン　20
4．ワークライフバランス　23
5．能力開発　24
Column（人生ってこんなに素晴らしい：永濱　修）　27
Column（ファイナンシャル・プランナーとしてのコミュニケーション：前野　彩）　30

第3章　コミュニケーションの基本知識 ———————— 31
1．はじめに　31

2．コミュニケーションに関する誤解 ……………………………… 31
　　3．自己認知 …………………………………………………………… 34
　　4．自己認知の改善 …………………………………………………… 38
　　5．対人関係と自己開示 ……………………………………………… 40
　　6．ストレスマネジメントとコミュニケーション能力 …………… 41
　　　　Column（私の考えるコミュニケーション能力：村岡真千子）　43

第4章　学生時代に築くもの ───────────────────── 44
　　1．生きること働くこと ……………………………………………… 44
　　2．就活を取り巻く環境 ……………………………………………… 46
　　3．自分の「本物化」 ………………………………………………… 49
　　4．学生時代を力一杯過ごす ………………………………………… 52
　　　　Column（若い世代が拓く新しい時代の幕開け：木南一志）　56

第2部　実　践　編

第5章　自己の深化と安定化（自律訓練法、内観法を学ぶ） ───── 61
　　1．はじめに …………………………………………………………… 61
　　2．自律訓練法 ………………………………………………………… 62
　　3．内観法（プチ内観） ……………………………………………… 64
　　　　Column（日本の伝統的な修行法に学ぶ：岩波　薫）　70

第6章　傾　聴 ──────────────────────────── 71
　　1．はじめに …………………………………………………………… 71
　　2．傾聴の考え方 ……………………………………………………… 72
　　3．心理療法ベースの傾聴技法 ……………………………………… 74
　　4．NLPベースの傾聴技法 …………………………………………… 76
　　　　Column（声の響きを磨き、コミュニケーション力をアップ：後藤有美）　81
　　　　Column（自分の耳は固い？　柔らかい？：冨塚千秋）　83

第7章　話す（日常会話、自己紹介、就職面接） ───────────── 85
　　1．はじめに …………………………………………………………… 85

2．日常場面での会話（インフォーマルな会話） ─── 86
　　3．自己紹介 ─── 89
　　4．就職面接について ─── 91
　　　Column（非言語コミュニケーションの大切さを実感：若生真理子）　95

第8章　プレゼンテーション ─── 97
　　1．プレゼンテーションの意義とその前提 ─── 97
　　2．プレゼンテーションの流れ ─── 98
　　3．印象を際立たせる為の工夫 ─── 102
　　　Column（第一印象の重要性：沖中美喜）　106

第9章　交流分析 ─── 108
　　1．交流分析の目的 ─── 108
　　2．5つの自我状態 ─── 108
　　3．自分の考え方や行動タイプを知る ─── 111
　　　Column（人は一人では生きていけない：宿西俊宏）　120

第10章　コーチング ─── 122
　　1．コーチングの目的 ─── 122
　　2．コーチングによるタイプ分けアプローチ ─── 123
　　3．自分のタイプを知ろう ─── 124
　　　Column（目標＋努力＝夢の実現：木元正均）　126

第11章　グループディスカッション ─── 128
　　1．話す力と聴く力 ─── 128
　　2．交流分析、コーチングを用いたグループディスカッション ─── 128
　　　Column（異文化コミュニケーション～司法通訳人の視点から～：峯瀧道子）
　　　　140

おわりに　143
索　引　145

第1部
理論編

第1章　和心の原点
第2章　キャリアデザインに関する基本知識
第3章　コミュニケーションの基本知識
第4章　学生時代に築くもの

第1章
和心の原点

> **ねらい**
> 1．日本の原点に立ち返る。
> 2．自分を見つめ直すことの大切さ。
> 3．はたらく環境の変化。

1．日本の原点に立ち返る

　本書の特徴は表層的な技術論にはしるのではなく、日本人の原点に今一度立ち返りコミュニケーションを再考している点にあります。

　グローバル化が進む今日、日本人は自己表現が下手だとか、自分の意見を主張しないといった意見が聞かれます。他方、日本だけでなく海外においても、非言語型のコミュニケーションが重要であると考えられています。非言語型のコミュニケーションには、空気を読むとか、相手に不快感を与えないとか、日本人が伝統的に大切にしてきた対人関係のマナーが含まれています。近年では米国の企業においても相手を言い負かすだけのコミュニケーションでは人を動かせないと考えられています。われわれも今一度、日本の伝統に立ち返ることが必要です。米国の経営学大学院でMBAを取得して日本の企業に勤めても、せっかくの知識が役に立たないということもよく聞きます。これは知識に問題があるのではなく、調和を大切にする日本の企業風土に合ったコミュニケーションを取っていないことに問題があると思います。

　本章のコラムに登場する山本えり氏は、日本の伝統である『おもてなし』について説いておられます。

　縄文の大和の民が大事にした、『ヤワス』（柔らかく和やかに和を大切にして許すこと）と、『ツクス』（森羅万象に畏敬の念を持って一体になり、民の幸せのために尽くし祈る）が『おもてなし』の語源です。

『おもてなし』は縄文時代から続く日本の文化の元だということです。人々の和を大切にし、森羅万象に畏敬の念を持って祈る心、日本人はこうした心を持っているということを今一度再確認することがコミュニケーションの基本だと思います。日本では八百万の神といいますが、神といったり自然といったり様々ですが、有難いという気持ちを持って手を合わせることが日本人の基本です。非言語型のコミュニケーションという言葉を持ち出すまでもなく、このような気持ちで人と接すれば自ずと意思の疎通は円滑に進みます。本書では何より、『おもてなし』の心に基づいたコミュニケーションの重要性を提唱致します。もちろん自分の主張をすることを否定するものではありません。相手の気持ちに配慮し礼節を持って接しつつ、自分の思うことはしっかりと伝えるということです。後のコラムにおいても、日本舞踊家の西川影戀氏は、相手の立場になって考えることが「日本人らしさ」であり、「日本人の美徳」であると述べておられます。

　日本人は言葉の民です。先に紹介された『ヤワス』や『ツクス』といった言葉は、漢字伝来前から日本に存在していた、古代史『ホツマツタエ』に見られます。近年の古代史の研究で、古事記より前に『ホツマツタエ』が存在したことが明らかにされつつあります。『ホツマツタエ』は一種独特の文字で象形文字のような形をしています。古代から日本では歌が詠まれていたことが『ホツマツタエ』からわかります。歌が縄文時代の日本人のコミュニケーションにとって重要な役割を果たしていました。特に男女の誘いに歌が用いられていました。和歌は現在の皇室においても受け継がれていますが、そのはじまりは縄文時代まで遡ります。奈良時代に言霊（ことだま）という表現が使われましたが、それは言葉の一音一音に、魂があると当時の人が考えたからです。この言霊も『ホツマツタエ』と密接な関係があります。言葉の民である日本人が、コミュニケーションが苦手であるわけはありません。むしろコミュニケーション能力が高いからこそ、不必要な争いを避け和することを求めてきたのだと思います。

　コミュニケーションの上達には、日本語の持つ繊細な意味合いをもう一度理解すること、そして、『おもてなし』の心を大切にすることの他にはありません。若い人には、日本人は言葉の民であるという誇りを持ってほしいと思います。それと同時に教育関係者には、日本語教育の重要性を再認識して頂きたいと思います。

　本書の推薦の言葉を頂いた観光マイスター・表博耀氏は、日本の伝統文化の神楽を世界に紹介し、海外で高い評価を受けている方です。当然のことですが、イタリアに行った日本人がイタリア文化について語ってもそれ程評価されません。イタリア人の方が母国の文化を理解しているからです。海外では日本文化に造詣が深い日本人が高く評価されます。もちろんそのうえで海外の文化に詳しくなればさらに評価されます。グローバル化が進んだ現代だからこそ、日本人は日本文化について知り、日本文化を海外に伝達

することが必要となるわけです。後のコラムで日本舞踊の西川影戀氏はパリで源氏物語の公演をすると書かれています。日本の伝統文化である源氏物語は海外でも非常に有名です。また、海外から来る旅行者の多くは、京都に興味があります。日本に来てディズニーランドに行きたい旅行者より、京都に行きたい旅行者の方が圧倒的に多いはずです。日本文化に造詣を深め、それを継承していくことは、われわれ日本人の勤めです。

2．自分を見つめ直すことの大切さ

　人に話をしたいということは、言うまでもなく自分が話をしたいテーマを持っていることに他なりません。しかし近年日本では、人に何を話したいかわからない若者が増えています。これは困った現象です。まず、自分が何を欲しているかを自分自身で気づくことが肝要です。自分をどうすれば客観視することができるのでしょうか？　その方法は人によって千差万別です。大別して、思考力を高めることと、感性を磨くことだと思います。理性と感性を、調和を持って高めることが、教養を高めることです。

　思考力を高める方法として、難しいですが哲学書を読むことを薦めます。哲学書は難解ですが人類のこれまでの英知が詰まっています。ハウ・ツウ本を何百冊読むより、難解な哲学書を1冊でも読破することで思考力は飛躍的に高まります。柔らかいものばかり噛んでいると人間の歯は弱くなります。同様に一見わかりやすい本ばかり読んでいると思考力が低下します。

　感性を磨く方法として、1つには芸術に接することです。絵画、音楽など、自分の好きなジャンルで何か見つけてはいかがでしょうか？　もう1つには考えることをやめて自分を無にすることです。無念無想の境地に身を置くことです。例えば、座禅を組むことや禊を行うことがあげられます。

　禊は、古代から続く日本の文化です。禊は、古事記にも紹介されています。

　古くから水には浄化作用があるとされています。心身の罪や穢れを水で祓い清めることを「禊」といいます。欧米人がたまにしかお風呂に入らないのに対し、昔から日本人はほぼ毎日入浴します。これは禊の文化の名残だといえます。

　また、神社の入口近くには手水舎がありますが、神社参拝の前に手を洗うのも禊です。本来であれば参拝前に全身の沐浴をするところですが、手と口をすすぐことで、全身の禊をしたことにしているのです。人を許すことを「水に流す」といいますが、これも、罪穢れを流す禊からきた言葉です。

そして、日本の歴史上一番初めに禊が行われた記録が『古事記』のこの場面に記されたいざなぎの神の禊なのです。

(出典：竹田恒泰『現代語　古事記』　学研、2011 年、p. 41)

万葉集にも禊に関する歌が詠まれています。

君により言の繁きを　故郷の明日香の河に禊しにゆく（万葉集 4-626）

　前の節に続きここでも、日本の古典の重要性を再認識したいと思います。水で心身を清める時、人は自然と無念無想になります。そして自己と向かい合います。古来より日本人は、静寂の中、水で心身を清めてから、神に祈りをささげる習慣を持っています。禊を行うことで、自分や日々の生活を見つめ直すことが自然とできます。第 5 章にも他者と向き合う前に自分自身と向き合うことが大切であると説明しています。内観法です。大自然の一部として自分を見つめ直した時、自分自身についての気づきが生まれます。それを繰り返すことで自分が本当に何を欲しているかは自ずとわかってきます。他者と円滑にコミュニケーションを取るためには、まず自分自身を見つめ直すことが必要なのです。自分に驕り高ぶった所がないのか、人に不快感を与えていないのかを見直すことそして自分が本当には何を欲しているかに気づくことがコミュニケーションの第一歩です。

　禊については、学生の感想文を掲載しています。特にこれまで精神修養を積んできたわけでもないごく普通の学生が書いた感想文です。日常生活では感じなかった発見があったことが伺えます。

3．はたらく環境の変化

　はたらく（働く）のそもそもの意味は、「はた」（他者、周囲の人々）を「らく」（楽）にするということです。日本人にとって、はたらくとは苦役ではないのです。しかしながら、現在の日本経済は、リストラを行う企業も多く、景気が良いと実感している人は少ないのではないでしょうか？

　かつて日本経済を支えてきたのは、終身雇用と呼ばれる長期間にわたる安定した雇用関係でした。終身雇用の下では、若い時は賃金が安いですが、将来の人生設計が展望できたので、安心して仕事に打ちこむことができ、また安心して結婚し子供をつくり家庭を築くことができました。

今20歳代の人の何％が、定年まで1つの会社で働くことができるでしょうか？　大半のサラリーマンは、何度か転職を繰り返すのではないでしょうか？　ちなみにわれわれ著者は2人とも転職組です。キャリアデザインという言葉が流行している時代背景にはこのような日本の雇用システムの変化があると考えます。自分のキャリアを若いころから意識し、30歳代、40歳代、50歳代に何をするのかといった人生設計を意識的に行うことが求められる時代なのです。

　明治期に"Economy"や"Economics"という言葉が日本に入ってきました。日本人はそれぞれ、経済、経済学と訳し、今日まで使っています。経済とはもともと、「経世済民」の略字です。「経世済民」とは、「世を經め、民を濟う」という意味です。本来「経済」とは、より広く政治・統治・行政全般が含まれる言葉でした。しかし、現在は、金融市場の混乱を見ても、けっして「世を經め、民を濟う」ことになっていないのではないでしょうか？　経済の主体は、お金ではなく、人であるべきだと考えます。

　「はたをらくにする」や「経世済民」という、日本人の考え方を今一度取り戻す時代に来ていると思います。こうした観点で、本書を記しました。

Column　おもてなしは　大和の心～大和の心をお伝えしたい～

山本えり（マナー講師）

　私が頂いた（自分を大切に、自分を生きる）喜びと、（相手を大切に。謙虚に。素直に。感謝して。）生きる大切さをお伝えしたくて、皆で繋がってみんなで一緒に幸せになりたくて、私は接遇マナー・コミュニケーション講師のお仕事をさせて頂いています。
　そして、同じ心で、皆様のお顔と心に笑顔の花を咲かせたくて笑顔セラピストにもなりました。
　道ですれ違った方にも、（あなたの笑顔で元氣が出たわ。あなたに会えて良かった。もう少し生きてみよう。）そんな想いが届けられるように……。

　あたたかさ、やさしさ、安らぎ、元氣、勇氣をお届けすること、そして、人を繋ぐこと。
　日本の心を伝えること。今、私は、これが天が私に与えてくださった役割ではないかと思っています。
　そのきっかけを与えて頂いたのは、私が34歳の時です。

　その頃私は、とても辛い（当時の未熟な私にとっては）状況の中にいました。そしてやっと自分の中で希望を見つけ、そこに向かって私なりに努力を続けていた時に突然、足元がガラガラと崩れてなくなった……そんな状況の中におりました。
　（明日からどうしよう……。私の何が悪くて神様はこんな試練を次々に与えられるの……。）と悩み、だからこそ、（自分の思いを、自分の声と言葉で、率直に、自信を持って話せる私になりたい。）（どんな時でも、子ども達にいつもあたたかく優しい言葉で明るく接する母親でありたい。）（このまま落ちたくない……。何をすればいいの？）そう願い祈っていた時、話し方教室の案内を見つけました。
　そこがどんな教室か何もわからないまま、何か藁にもすがるような思いで見学に行ったのですが……、ドアを開ける勇気が出なくて諦めて、帰ろうとしたその時です。
　笑顔の優しそうなご婦人が駆けていらして、「見学に来てくださったの？」と声を掛け、そして続けて、こう明るく伝えてくださったのです。
　「あー良かった。私、今日は遅れて来たから、ひとりで入るの、恥ずかしかったの。あなたがいてくださって良かったわ。」
　『あなたがいてくださってよかった。』
この言葉は涙がこぼれるほど、全身が震えるほど、嬉しい言葉でした。
　（こんな私でも、いるだけで存在を喜んでくださる方がいてくださった。）
　瞬間に、傷つき疲れ必死で立っていた私の心に、あたたかいものが流れ込みました。
　彼女に背中を押され、勇気を頂いて一緒に教室の中に入ると、振り返ってくださった講師の先

生も生徒の皆様もまた、みんな朗らかで優しい笑顔。

　和やかな空気の中、教室の後ろの席で、皆様の明るく前向きなスピーチを聴かせて頂くうちに、張り詰めていた心が少しずつ解れ、癒されていくのを感じました。

　（なんてあたたかいお部屋かしら……。こんな美しい言葉を聴くのは何年ぶりかしら……。）と思いながら座っていると、「せっかくいらしてくださったのだから……。」と、自己紹介することを勧められました。

　声を出すだけで涙が出る……そんな状態の時でしたが、皆様のあたたかな眼差しに勇氣を頂き自然に体を前に運ぶことができました。何をお話ししたかは覚えていません。でも、皆様がどんな風にお聴きくださったかは覚えています。

　私の言葉にじっと優しく耳を傾けて、（大丈夫よ、上手に話せなくてもいいのよ、待っていますよ、がんばれ）そんなメッセージが皆様の笑顔から伝わってきました。

　自分の言葉を聴いてくれる人がいる。待ってくれる人がいる。そのままを受け入れてくれる人がいる。

　もの凄く幸せなことでした。有り難いことでした。ずっとここに居たい……。自分の居場所をみつけられたと思いました。

　その頃の私にとって、教室に通うことはとても大変なことでしたが、生まれて初めて自分で選択して、子ども達や周りの協力のお蔭で、困難から逃げずに通い続けることができました。

　教室で過ごす１時間30分が、次の１週間、生きる勇氣をくれました。
　皆様のあたたかな美しい言葉と笑顔、そして傾聴がどんどん心を元氣に、前に運んでくれました。
　発声練習をすることで、自分の口から声を出すことに慣れていきました。
　自分の思いを語る練習をすることで、自分を知り、自分の言葉を持つことができました。
　自分が伝える努力をしないで、言わなくてもわかって欲しいとか、わかってくれない等と相手を責める心が、どれ程傲慢であったかも氣づきました。
　そして、自分の心に想うこと、口から出す言葉が自分の人生を創っていくということも実感しました。

　（人前で話しをするということは裸で立っているのと同じですよ。どんなに言葉だけ取り繕っても貴女の内側が全部伝わるのですよ）
　（メラビアンの法則というのがあって、貴女の話から伝わるのは、内容が7％、声と話し方が38％、表情と態度が55％です。第一印象を決める表情や態度が悪ければ、声や話し方が相手にやさしくなければ、どんなに内容が良くても相手に届きません。だから、姿勢を正して、明るく、やさしく、美しく……。）

（話してやるのではなくて、聞いて頂くのです。聞くのではなくて、聴かせて頂くのです。いつも相手に敬意を持って、謙虚に、誠実に。）
　（心が口から出て言葉になる。言葉の後に来るのは行動です。心と言葉と行動はいつも一致しなければなりません。）
　（良い話し手とは、自分の言葉で人を傷つけない話し手です。思いやりを持って。ぺらぺら言葉上手に話すことではありません。）
　教室で学ばせて頂いたことは、生き方でした。

　あの方のように輝く笑顔の女性になりたい。
　少しでも私の存在が相手に嫌な思いをさせないように、少しでも相手の心にあたたかなものを届けられる存在になれるように、お役に立てる私になれるように、その想いで続けていると、マイナス思考で消極的に生きていた私が、自分に自信が持てなくて、自分を生きていなかった私が、いつしか自分を語り、夢を語り、自分を生きて行動できる、自分が大好きな私になることができました。
　その時にはどうして私だけが……とマイナスに捉えていたことの全ては、自分が引き寄せていたのだと氣づくこともできました。
　あれがあったお蔭で、あの方のお蔭で、あの方は私にこれを教えてくださるために役割を演じてくださっていたのだ、お蔭様、お蔭様と心から感謝できる様にもなれました。
　全て、今の私になる為に用意してくださっていたのです。
　家族、友人たちに支えて頂き、全国の多くの有り難い方々に出会わせて頂き、ご縁を繋いで頂きました。
　これまで氣づいていなかった両親や祖父母の大きな愛、出会ったことのないずーっと先のご先祖様の存在にも氣づかせて頂き、見守られてきたことに深く感謝することができました。
　『あわうた』から、縄文時代の古代史『ホツマツタエ』にも出会わせて頂きました。
　まだ出会ってわずかですが、ホツマツタエの研究家のいときょう先生から、縄文の大和の民が大事にしたのは、『ヤワス』（柔らかく和やかに和を大切にして許すこと）と、『ツクス』（森羅万象に畏敬の念を持って一体になり、民の幸せのために尽くし祈る）であり、ヤワスとツクスが『おもてなし』の語源であると教えて頂きました。
　これは、まさに私が大切にしてきた接遇の心です。
　接遇の心・おもてなしは笑顔の心、そして日本・大和の心だったのです。
　天が私に与えてくださった大和の心をお伝えするという役割を、神様に祈りながら、おひとりおひとりがいらっしゃるその場所が聖地になるように務める……。
　日本の国の伝統的な生き方、ナガタ（汝：あなたが楽しいと思ってくださることが私の幸せ。）、ナガサキ（汝：あなたの幸せを望み、何か私でお役に立つことがあれば嬉しいと思って行動する）で、少しでも私の存在を、日本の、世界のためにお役に立たせて頂きたいと願っています。

Column　日本舞踊とコミュニケーション

西川影戀（西川流師範　日本舞踊家）

　私は6歳から日本舞踊、茶道、クラシックバレエ、声楽、タップダンス等、和洋問わず数々の芸術に携わってきました。バレエやタップダンスは身体的に若い間にしかできませんが、日本舞踊は80歳になっても人前で踊ることができ、また味も出ます。日本人には日本人にしか表現できないことあるのだとわかり、日本舞踊がさらに好きになり今まで続けてこられました。

　日本の華道、茶道など道を極めるために歩んでいくもので、それが日本人らしさでもあります。相手の立場になって考えることが「日本人らしさ」であり、「日本人の美徳」です。そういったことは直接的には自分の得にはならなくても、自分の徳があがります。自分の徳があがると自分を取り巻く環境が変わり、その違った環境の中でまた吸収することにより自分の徳をあげることができます。

　私は2年後、フランスのパリで源氏物語を講演する予定で、海外での講演の際に文化や価値観の違いによる支障を避けるためには、内容がなくても見た目で喜んでいただける、恋愛物などは世界共通なので伝わりやすいのでそういった物を使います。これは異文化理解を踏まえたうえでのコミュニケーションにとって大事になると思います。

　心を無にすることはコミュニケーションにとって大事な要素であり、例えば神社で手を合わせるという行為は自分自身と向き合える空間、時間、生きていることに感謝できる唯一の場所であります。その無の状態にすることで相手の意見を受け入れることができる。そこから気遣い、気配りにつながっていく。欧米人とは違う日本人にしかない良いところであり、自分が困った時にも他人のことを考えられる心、形が変わって生活スタイルが変わったとしても、その心はずっと日本に残っていくだろうと考えます。

　また、自分の話したいことを話す時にどうすれば上手く話せるのか？　それは一言でいうと聞き上手になればいいのです。自分が上手く話せなくてもいい、自分の話を聞いてくれているということに感謝する。人がしゃべっているのを聞き、その場の雰囲気を感じる。これは人と会話する時に当たってとても重要です。

　コミュニケーションには間というものもとても大切で、その間を学ぶには間のいい人のそばに行って学ぶしかありません。自分が受け身となり会話に合わせ空気を読むこと、それが間というものです。

Voice　自分自身と心から向き合う

濱口大樹（近畿大学経営学部3年）

　私は今回平成23年9月に起きた台風12号で被害の大きかった和歌山県熊野の復興を祈念した「日本最古熊野古道修行体験ツアー」(注)に参加させて頂きました。その中で熊野の大自然に触れ、地域の方々の思いを聞き、川の禊を体験しました。水害の被害から半年以上経っていて修復されているところもありましたが、場所によって崖は崩れたまま、大塔川の水も濁っていてまだまだ手の届いていないところも多々ありました。

　私が禊をしようと思ったきっかけは、単に修行するということではなく、自分自身と心から向き合いたいと思ったからです。人には思いやりという素晴らしい心があり、自分自身と心から向き合うことで自然や人々の思いを受け止め感じることができると思ったからです。

　私たちが行った大塔川というところはまだ被害の少ない水の澄んだ川で空気がとてもよく清々しい場所でした。川の水はすごく冷たかったですが、先生方のご指導を頂き自然と1つになることで熊野の復興を祈願するとともに、熊野の暖かい自然に心を癒された禊となりました。

　熊野大社では、熊野の歴史、物事の意味やそれらを大切にし、守っておられる方々の暖かい思い、熊野という自然に溢れた由緒ある素晴らしい場所があるということを知ることができ、私自身すごく心を打たれました。大切にしたいと思いました。

　熊野だけではなく、世界中にもいろいろな歴史があり、物事1つ1つには意味があります。それらを忘れることのないようにきちんと意味をわかったうえで大切にしていくことで自然とそれらと向き合うことができるのではないでしょうか。

　人と人とのコミュニケーションにおいても単に自分の思いをぶつけるのではなく、まず相手の気持ちを知ってあげることでお互いの思いを伝え合うことができると思いますし、自然も一緒で、自然に触れ、自然の思いを知ることで自ずと守っていきたい、分かち合いたい、知りたいと思うのではないでしょうか。

　今回の旅で、様々な自然に触れ、いろいろな方々のお話を聞かせていただき、私自身少しでも物事に対する考え方が変わったのではないかと思います。そのうえで和歌山の方々、東北の方々に対してできる限りのことをしたいと思いました。今回、和歌山の復興に向けて祈念することができる場を設けて頂いてとてもありがたく思っています。

　今後いろいろな方々にもこうした歴史・思いがあることを知ってもらえてみんなが生きていくことができれば、自然と心のある暖かい場所ができるのではないかと思いました。

　（注）ここで紹介されている、熊野の復興を祈念した旅は、平成24年3月3日-4日に実施された「日本最古熊野古道修行体験ツアー―古事記編纂1300年を知る―」のことである。観光庁エンタメ観光マイスターの表博燿氏が熊野の鎮魂と復興を祈願して企画し、観光庁が支援し実施された。

Voice　禊から自分をみつける

大西祐也（近畿大学経営学部4年）

　私が初めに禊に参加したきっかけは、大学のゼミの先生のお誘いを頂いたことです。

　元々私は、寺や神社が好きでたまに友達と京都観光に行き日本の文化を見て楽しんでいました。日本の文化、伝統である禊を体で感じることは今までにしたことがなく話を聞いて「おもしろそうだな」と思い、一回目は興味本位の参加でした。それで、参加して思ったことは、長い歴史のある枚岡神社(注)の建物を見物し自然あふれる山の景色を眺めながら山登りをしたことはもちろん楽しかったのですが、それ以上に皆さんと一緒に話しながら山を登り最後に禊をすることで、それまで考えた事もなかったとても興味深い話や、自分だけでなくみんなも考えさせられる話を聞けたことが本当によかったです。「物事にはちゃんと意味があるという」ことを改めて教わり、その言葉がとても心に残りました。最近では私が今まで好きでやってきたことや頑張ったことに「なんで？」と思うようになって自分に対し初めて本気で考えました。そうすることで今までやってきたことに少しではありますけども確実に自信がついたと思いますし今からやっていくことにもっと自分に自信を持っていきたいと思います。私は始めたばかりでまだまだですが、禊を続けることで自分の心を磨きたいですし、磨くだけでなく心の中にまだある思いが湧いて出てきたらと思います。

（注）　ここで紹介されている枚岡神社の創祀は、皇紀前まで遡り、初代天皇の神武天皇が大和の地で即位される3年前と伝えられています。神武御東征の砌、神武天皇の勅命を奉じて、天種子命（あめのたねこのみこと）が平国（くにむけ）（国土平定）を祈願するため天児屋根命・比売御神の二神を、霊地神津嶽（かみつだけ）に一大磐境を設け祀られたのが枚岡神社の創祀とされています。

Voice　日本の古き良き伝統を見直す

藤城智也（近畿大学経営学部3年）

　枚岡の山を登る時は、ネオジパネスクで世界的に有名な表博輝先生に今の日本のことや、神社の歴史を聞かせて頂きました。その時、表博輝先生は幅広く知識を持っていらっしゃる方だと思いました。

　滝に打たれるというのは頭から打たれるというイメージを持っていましたが、肩から当たるものだと教えていただきました。また、打たれるまでの手順などもあり、そんな伝統を受け継いでいる人がいることにまず驚きました。1月の寒さのなか滝に打たれることに抵抗があったのですが、外で立っている時と、打たれている時では、意外と打たれている時のほうが暖かく感じました。そのことを禊未経験の方には知ってもらいたいです。また、女の方も打たれていることに驚きました。表先生いわく、若返りの効果もあるとのことで多くの女性にも体験してほしいと思いました。こういった日本の古き良き伝統を見直すことも大切なのだろうと思います。また精神的にも成長できるのではないかと感じました。私はこれからもそんなよき禊に参加したいと思います。

第 2 章
キャリアデザインに関する基本知識

> **ねらい**
> 1. 本書で扱うキャリアデザインの領域に関連する基本的知識を理解する。
> 2. 本書で解説されているキャリアデザインに関連する様々な考え方や技法を個々バラバラのものではなく、全体として有機的に理解するための視角（＝ものごとに対する見方・考え方）を自ら作り上げていく。
>
> ※キャリアデアインを学ぶ人々にとって、共通の知識であると考えられる部分について、価値観の問題にも触れながら取り上げてみました。

1．はじめに

　本章では、本書の前半部分を占めるキャリアデザインに関する基本的な知識を身につけるとともに、関連の各章を有機的に関連づけしていく視点を提示します。個々バラバラの知識としてはではなく、自らのキャリアをデザインする際に、皆さんは多角的な観点を有機的に総合した思考ができるようになって頂きたいと思います。

2．モチベーションとリーダーシップ

（1）モチベーション

　まず、キャリアをデザインする際に、個々人の「やる気」の問題が横たわっていることは、誰の目にも明らかでしょう。この意欲の問題は人の行動と表裏一体の関係にあるともいえるでしょう。この意欲は何かをしたいという内在的な欲求＝「動因」と、ある行動を取らせるように仕向ける外在的な「誘因」に分けることができます。例えば、自分自身がやる気を持つことの他に、他人と協力して仕事をするような場合には、他のメンバーにも意欲を湧き起こさせるような働きかけが想定できるわけです。この前者の見

方が欲求説（内容説）と呼ばれ、後者は課程説と呼ばれています。学説的には諸々の見解がありますが、本書のような実践性を重んじる立場からは、欲求説の代表例としてのマズローのモデルが参考になるもの考えられます。

（2） マズローの欲求の5段階説

　A．マズローは欲求の5段階説と呼ばれる有名な考え方を提示しました。マズローは、人は人生の中でできる限り成長を続けたいと願う願望が生来的に（先験的に）備わっていると考え、その段階を成長の段階に沿って5つに区分けしました。そして、この成長の段階は1つ満たされると、更に次の段階に関心が向くような成長動機が現れてくるとするのです。各段階を順に見て行きましょう。

①**生理的欲求**：食欲や性欲、睡眠など人間の生存に関わる生理的欲求。
②**安全の欲求**：衣服や住まいなど、物理的に安全な生活を送る為の安全性確保の欲求。
③**社会的欲求**：友人を持ったり集団に属したりするような社会的欲求。
④**自尊の欲求**：自らが他より優れていたいという、自尊の欲求。
⑤**自己実現の欲求**：自らの能力や役割を社会で発揮したいと思う欲求。

　第4段階の自尊の欲求と第5段階の自己実現の欲求とでは大きく性格が変わるのが、おわかりでしょうか。自尊の欲求までは、とちらかと言えば欠乏感によって生み出されている欲求なのに比べ、自己実現の欲求はそうではなく、自らの内なる声に耳を澄ませた結果起こってくる、自らの能力や役割を「発揮していこうとする」欲求であるのです。

（3） 動機付け要因と衛生要因

　また欲求説の1つに、F．ハーズバーグによって唱えられた動機付け要因と衛生要因の二要因説があります。動機付け要因というのは、例えば仕事そのものの面白さや達成感、昇進などのような積極的な動機をもたらすものと、条件が欠けると動機が損なわれる、例えば賃金や作業条件の良好性など、消極的な動機づけをする衛生要因の2つに分けられるとしたのです。このハーズバーグの説によると、賃金や昇進などの衛生要因が限定的であっても、仕事そのもののやりがいに通じる、達成感、責任、個人の裁量の広さなどを高めることで、仕事に対するモチベーションを高めることができると考えたことが重要です。この考え方は、会社における職務設計の在り方について大きな影響を与えたものですが、個人のモチベーションとしても重要な意味を含んでいます。

　よく引用されるたとえ話ですが、ある教会を造る為に重い石を運んでいる職人に対し

図表2-1　マズローの欲求の5段階説

```
         自己実現
         の欲求
        ─────────
         自尊の欲求
       ─────────────
         社会的欲求
     ─────────────────
         安全の欲求
   ─────────────────────
         生理的欲求
```

↑ 高次の欲求
↓ 低次の欲求

図表2-2　動機付け要因と衛生要件
（人間関係については筆者が修正）

動機付け要因	・達　成 ・承　認 ・仕事そのもの ・責　任 ・知己を得る ・成　長
衛生要因	・経営方針 ・人間関係（悩み） ・作業条件 ・職　位 ・雇用の安定性

※ハーズバーグの二要因説は、業務上の「仕事」に焦点を当てたモデルだが、人の「行動」に対するモチベーション理論としても理解することができる。

図表2-3　目標設定とモチベーション

目標設定がモチベーションを高揚させるための要件

①努力しなけらばならないと思うこと。
②どのように努力すればよいのか、その方向性や順番、手段を理解すること。
③達成できた状態をリアルに想像し、自分自身としての「自己効用感」を醸成すること。

※モチベーションの高め方については次章のコミュニケーションを扱う中で解説を加えていく。

第2章　キャリアデザインに関する基本知識

て何をしているのか問うた時の答えに、ある人は「生活の為の賃金を得る為」と答え、ある人は「家族を養うため」と答え、ある人は「石を運ぶことで、神に御使えしている」と答えるのです。自らの行動に対して、どのような意味づけを自らが与えているのかによって、自分の行動に対する満足感も大きく変わってくるということに繋がっていくと考えられます。このように、自らの行動を自らが意義づけられるということが、内在的なモチベーションの重要な基礎をなしているといえるでしょう。この観点からも、自らの行動に目標を持つことの重要性が導き出されていくことになります。（図表参照）

（4）リーダーシップ

　リーダーシップについては、政治学、経営学、心理学をはじめ多くの領域で取り上げられていますが、本書ではその学説を学ぶことが目的ではなく、具体的な場面において各人がリーダーシップを発揮するための手掛かりを得ることが目的です。リーダーシップと聞いて、自分には関係ないと思う人もいるかもしれませんが、それはリーダーシップの概念を狭く受け取り過ぎているのではないかと思います。人が生きていく時に、一人では生きていけないとするならば、他人との関係において、必ずリーダーシップを発揮する場面は訪れるものです。自らの能力を磨くためにも、リーダーシップを特殊な人が発揮するべき能力とは考えないことが必要でしょう。

　リーダーシップについては、「目的達成に向けて人々に好影響をおよぼすプロセス」という風に定義しておきましょう。そのリーダーシップも少し分析的に見てみますと、社長とか課長とか、組合長とかいう組織として制度的に与えられた資源を基にして発揮する場面（管理理論）もあれば、有効なリーダーシップを発揮する為の個人のスタイル（スタイル論）、そして状況毎に応じたリーダーシップの発揮の仕方（状況理論）などに分けることも可能です。しかしながら、リーダーシップが人間集団（組織）に対して、目的達成の為の働きかけを行っていくことと、それにともなう人間関係についての配慮を示し、また目的達成に障害となる諸々の問題に対して、問題解決を図っていくことであることが基本であることは間違いありません。

　具体的には、①組織（集団）の目的を具体的にわかりやすく示すことがあります。目的をブレイクダウンし、その優先順位をつけることも含まれるでしょう。次には、②その具体的に設定された目的を組織の日常運営に組み込んでいくこと、すなわち目的の構造化が上げられます。そして、③一旦決めた目標については、少なくとも短期的にはぶれないように一貫性を保つように心がける必要があります。そして、それらを通じて実際に問題となるのは、④目的達成を妨げる組織内での問題発生について、組織内の人員が納得するような解決策を見出して行くことにあるといえるでしょう。

図表２－４　組織内での構造作りと配慮

○組織内での構造作り
・作業について、標準的な仕様や細部の運用を決める。
・組織内の報告、連携のルールを定める。
・手本を見せてやるなど、教え合える風土をつくる。
○組織内での配慮
・個々のメンバー（個々のグループ）のよい行動を讃える。
・自身が高いモラールを示す。
・関係者を平等公正に扱う。
・友好的で、メンバーが近づきやすい雰囲気を作る。
・関係者がもっと努力できるように激励する。

　もちろん、リーダーシップといっても、独断をするということではありませんが、議論を建設的な方向に導き、最終的には問題解決に向けた着地点を見つけ得るようにすることが不可欠の要素となります。リーダーシップは組織の階層が上がる、あるいは関連する人員が多くなればなるほど、要求される能力の比率がテクニカルな能力から、人間的なヒューマンスキル、そして、理念を操作するコンセプショナルなスキルが高くなっていきます。目先の報酬も大切ですが、全員を協力的な関係になし得る理念を提示できることが必要となり、それには、やはり集団として求める「価値」の問題にも触れざるを得ないでしょう。

（５）フォロワーシップと多面的思考

　リーダーシップの発揮については、その影響力を受け入れるフォロワーがいることが前提となってきます。また、そのフォロワーについても「喜んでリーダーシップを受け入れているのか」あるいは、「能動的・主体的に受け入れているのか」という問題も生じてきます。リーダーの権限や技能、受け取る報酬などによって受け入れる場合もあれば、リーダーの人望やリーダーとの信頼関係に基づいて受け入れる場合、またその双方が混在する場合もあるでしょう。そもそもリーダーの現れ方も、①自然発生的なもの、②選挙（協議）によるもの、③任命によるものなど様々です。

　したがってリーダーシップには、一定の決まったパターンがある訳ではなく、状況に応じて多様に変化するものであるといえます。また、例えば同じ１つのグループの中でも、目的によってリーダーが入れ換わるような、役割分担的なリーダーシップの取り方もあるでしょう。このようにリーダーシップの概念を広く考えれば、誰でもいつでも

リーダーシップを取り得ると考えられ、その際の準備をしておこうと考えることが生産的であるといえます。

　リーダーシップが円滑に作用するには、フォロワーとの信頼関係がベースにあることは間違いなく、その信頼関係の醸成の為には、権限や金銭的な報酬だけではなく、精神的な満足感を与える必要があるはずです。その為にはリーダーシップを取ろうとするなら、フォロワーに「与える」、「奉仕する」というある種の信念や覚悟を持つ必要があるのではないでしょうか。リーダーシップなどというと大げさなことのようにも感じられますが、誰でも周りの人より優れている部分、多くを知っているような場面はあるはずです。そんな時にリーダーシップを発揮してみる、また自分がフォロワーに回った際にも、リーダーの気持ちを考えてみることなどは常に心がけることができるはずです。

3．キャリアデザイン

（1）キャリアと価値観

　本章では、キャリアをデザインするにあたってのヒントを記していこうと思っています。理論はあくまで実践に繋がらなくては意味はなく、またこの領域における理論というのは、実証は難しく、また「統計的・平均的」に実証されていたとしても、理論を学ばれる本人にとって幸福感を感じることができなければ、それは意味のないことです。最近はいろいろなノウハウ本が氾濫しており、いたずらに「自分探し」を推奨するものもありますが、あまり感心できません。

　自分の人生観や価値観がある程度自覚され、明確になってこなければ、将来どんな仕事に就きたいか、あるいはいかに働き、いかに生きたいかというような問いに対して、具体的な答えは返ってこないでしょう。ただ、この自らの価値観は、生来的なものだけではなく、行動によって形成されることもまた事実であり、この価値観を感得するプロセスと、キャリアデザインを行うプロセスが、少なくとも部分的には双方向的、同時的であることが、この問題に困難に感じさせる原因でありましょう。したがって、この問題に「○○分でわかるキャリアデザイン」などということはあるはずがないのです。しかしながら、困難かも知れませんが、このようなプロセスこそが人生の醍醐味ともいえるものでしょう。

　多少漠然とする部分もありますが、自らのキャリアを考えていくにあたって、理論や先人の経験から学んでいく姿勢は重要であり、学ぶ中で「行動」と「内省」を繰り返すことで、自分自身の仕事に関するこだわり（＝キャリア・アンカー）が感得されるなど、何らかのヒントは確実に得られるものであると考えるのです。

(2) キャリアデザイン
①キャリアデザイン

　キャリアには、職務経歴という客観的側面と、仕事に対する自己イメージという主観的側面があります。このようなキャリアというものを、自らの価値観に合わせて主体的に計画し、実際に自らのものにしていこうというのがキャリアデザインの考え方です。かつての高度成長時代の日本は、会社組織に自らのキャリアデザインの多くを依存していた部分がありました。しかし、社会の多様性が増しその行方が不確実化した現在にあっては、自律的なキャリアデアインがかつてより強く求められているといえます。

　そのような中にあって、先に述べたように仕事における価値の問題を探求しつつ、自分の「できること」と「やりたいこと」と「やるべきこと」を一致させるようなキャリアデザインが必要であるといえます。ここで忘れてはならないのは、自らが腑に落ちる（＝心にフィットする）ことは必要条件ではありますが、「やるべきこと」の含意には、「やらざるべきこと」でない、つまり他人や、地域、社会にとっても有意義であることという前提が含まれていることを忘れてはならないでしょう。

②キャリアモデルの前提

　キャリアデザインは自らの人生を通じて、デザイン自体の評価も決めて行く訳ですが、キャリアデザインの理念を具体化させるに当たっては、参考になる「キャリアモデル」という考え方があります。まず、このモデルの前提について書いておきたいと思います。

　キャリア論研究の中では意思決定論の立場から、キャリアに関して偶然性が支配すると説く有力な説があります。人生がある種の偶然性に左右されるのは、誰にでもわかることですが、ここで重要なことはそのような客観的には「偶然」と考えられるものを、主観的には「必然」と捉えることができるかどうかにあるということです。運・不運でかたづけてしまうのではなく、自らのモデル（仮説）を検証していこうとする立場からは、広い意味での因果関係を考え得る立場に立つことが求められているといえるからです。更に、このようなモデル（仮説）を持っていると、自分の現状とそのモデルとを比べることによって、自らの位置が明確になるというメリットもあります。モデルなしの試行錯誤は地図のない航海に例えることができるでしょう。

　もう１つの前提は、キャリアにはステージがあるということです。20代と30代、40代では、おそらくはその家族構成も変わっており、また変化の激しい昨今の状況からいえば、社会環境も変化しているはずです。そこでは、自分の役割、人間関係、日常生活、考え方を変えてしまうような人生における出来事（＝トランジション）が起こる可

能性も高いと考えられるからです。

③キャリアモデル

　ここでは一例として大久保幸夫氏の紹介するモデルにそって、キャリアモデルについて説明したいと思います。このモデルは主に社会人になった人を対象にしたものですが、その本質は学生も含めて広く活用できるものだと考えられます。またキャリアが偶然に支配されるとしても、問題となるのは機会を作る力や、その機会を活かす力であり、その為の能力を高めていくに当たっては一定の傾向があることに着目したモデルです。この職業能力には、「感受性」などの、自らの価値観の形成に必須なものも含まれていると理解しておくほうが有益でしょう。以下に具体的に説明していきましょう。

　このモデルは、「当初のキャリアは『筏下り』のように、次には『山登り』のようにやっていく」というものです。筏下りとは、初級キャリアのイメージを表し、下流というゴールに目的があるのではなく、そのプロセスに意味があるとします。初級の時期には、上司からの指示をこなす、あるいは周りについていくだけでも骨がおれるものです。そんな中では、目の前の急流に向き合い、自分の持つ力をふりしぼって急流や岩場を乗り越えていくことで、基礎力をつけていくべきとするのです。

　しかし、この初級の時期もいつまでもは続きません。時が経てば急流にも慣れ、あるいは、もはや川も中下流になって流れそのものがゆるやかになっているかも知れません。その中で、同じことを続けていると、全力を出さなくともやっていける、いわゆるぬるま湯状態になってしまうのです。短期的な目標を何度もクリアしていく中で、次には「自分にできることは何か」「何がやりたいのか」「何をやるべきか」についての、更なる材料を集めて行く必要があります。この段階からは、いよいよ山登りの段階に入っていくのです。

　山を選ぶということは自分が生涯をかけて取り組んでもいいと思える専門領域を選ぶということです。山を登りはじめたら、それと矛盾するような仕事は断わらなければならないのです。あれもこれもと望むのでは、結局何も得ないことになりがちです。その為に、山登りのプロセスでは、偶然性を活かすより計画性や戦略性が必要となっていくとします。

　このモデルは示唆に富んでいます。初級の頃には、その時には合理的に考えれば無駄なことでも、後で考えればあのことが役にたったということが出てくるでしょう。しかし、これは初級の時には気づきにくいものです。また、自らの仕事を自らで創造していくような裁量もまだ与えられてはいないのです。そんな時には、迷わずにがむしゃらにやっていくことで力をつけていくべきだということでしょう。初級の内から、それはイ

ヤとか、初めからできませんというのでは、多くを得ることはできないというべきでしょう。逆に、中級になってくると、徐々に戦略性を持つ必要がでてきます。周りの環境についても読みが働き、徐々に仕事の内容を修正したり、自分なりの裁量が持てるようになり、今度はその余力を、上級へ向けての計画へ昇華させていくことが求められていくのです。この一連のプロセスは、キャリアデザイン全体を通じて当てはまるだけでなく、転勤や職位が変わるなど、一定の期間内におけるプロセスを取ってもあてはまるのではないでしょうか。自分が今、どのステージにいるのかを意識しながら行動をしていく、その指針を与えてくれるモデルといえます。

　最後に1つ付け加えておきたいことがあります。上記でみたようなキャリアステージの特徴は、いろいろと考えられますが、初級時代に特に気をつけておきたいのが、「生」の情報、現場に触れておくことです。考えることは重要ではありますが、実際に体験しておくことが重要です。失敗も重要な経験です。またデータも重要ですが、感情の領域にも思いを馳せる必要もあるでしょう。このような「実体験」の積み重ねが中上級への登竜門であり、また必ず役に立つはずです。

図表2－5　筏下りと山登りモデル

	年齢段階	この期間の特徴	身につける能力
筏下り	新社会人～30代半ばまで	・ゴールを決めず短期の目標を全力でクリアしていく ・偶然による仕事や人との出会いを歓迎する	基礎力 ・対人、対自己 ・対課題
山登り	30代半ば～本格的プロまで	・ゴールを明確に決めてそのゴールを目指す ・仕事への取り組みは計画的・戦略的に行い、目指す山に関係ない仕事はしない	専門力 ・専門知識 ・専門技術

（出典：大久保幸夫『キャリアデザイン入門Ⅰ』日本経済新聞出版社、2006年、p.39）

4．ワークライフバランス

（1）ワークライフバランス

　仕事は暮らしを支え、生きがいや喜びにつながっていかなければならないものです。同時に、家事や育児、近隣との付き合いなども人間の生活には欠くべからざるものですし、社会を構成する市民としての責務があることも忘れてはならないでしょう。これらのバランスがとれた時にこそ、人生の喜びは大きくなるはずです。しかしながら、現実

の社会では、仕事の為に私生活や社会的な貢献を犠牲にし、仕事中毒になり、うつ病に代表される精神疾患を患ったり、過労死や自殺、家庭の崩壊などの悲劇を招いたりすることが問題になっています。そのような中で、仕事と生活の調和（＝ワークライフバランス）が叫ばれるようになってきました。

（2）長時間労働の影響

近年の研究で長時間労働は量・質の両面において労働負荷を増加させ、同時に心身の疲労回復を阻害する可能性を持っていることが明らかになってきました。長時間労働が、睡眠・休養・家族生活・余暇時間・地域との付き合いなどの不足をもたらし、疲労や心身の不調を招き、過重な労働に起因する疾患は過労死にもつながります。また長時間労働と精神疾患発症との因果関係の調査も進んでいるところです。

ただ同時に、長時間労働の健康に対する影響は非常に大きな個人差があることもわかってきており、作業強度、休憩の量、体力、個人のもつ疾患の危険因子などによって、大きな影響があることも認められています。仕事からくるストレス全体という風に問題を拡大した場合には、仕事に対する個人の主観的な感じ方も大きく影響するといえるのではないかと考えられます。仕事に対する自分なりの意味づけが明確な人と、そうでない人とはおのずと異なった影響が現れる可能性も否定はできないでしょう。

ワークライフバランスの問題は、個人だけでは解決が困難な部分もあると思われます。われわれは、個々人が一人で生活しているのではなく、企業も含めて全体として社会の中で生活しており、個々の利益追求が必ずしも全体の利益増大に結びつかないという、「合成の誤謬」が起こり得ることを深く理解することが必要であると思われます。

5．能力開発

ここでは、社会人として求められている基礎的な能力として、2006年に社会人基礎力研究会がまとめた中間とりまとめを次に示しておきたいと思います。これから社会人になっていく学生の方々、そして既に社会人になっておられる方々も、本書を実践的に学びながら自己チェックとして活用して頂ければと思います。

図表２－６　社会人基礎力の能力要素（社会人基礎力に関する研究会、2006）

前に踏み出す力	主体性	物事に進んで取り組む力	
		例）指示を待つのではなく、自らやるべきことを見つけて積極的に取り組む。	
	働きかけ力	他人に働きかけ巻き込む力	
		例）「やろうじゃないか」と呼びかけ、目的に向かって周囲の人を動かしていく。	
	実行力	目的を設定し確実に行動する力	
		例）言われたことをやるだけではなく自ら目標を設定し、失敗を恐れず行動に移し、粘り強く取り組む。	
考え抜く力	課題発見力	現状を分析し目的や課題を明らかにする力	
		例）目標に向かって、自ら「ここに問題があり、解決が必要だ」と提案する。	
	計画力	課題の解決に向けたプロセスを明らかにする力	
		例）課題の解決に向けたプロセスを明確にし、「その中で最高のものは何か」を検討し、それに向けた準備をする。	
	創造力	新しい価値を生み出す力	
		例）既存の発想にとらわれず、課題に対して新しい解決策を考える。	
チームで働く力	発信力	自らの意見をわかりやすく伝える力	
		例）自分の意見をわかりやすく整理したうえで、相手に理解してもらうように的確に伝える。	
	傾聴力	相手の意見を丁寧に聴く力	
		例）相手の話しやすい環境をつくり、適切なタイミングで質問するなど相手の意見や立場を尊重する。	
	柔軟性	意見の違いや立場の違いを理解する力	
		例）自分のルールややり方に固執するのではなく、相手の意見や立場を尊重し理解する。	
	情況把握力	自分と周囲の人々との物事の関係性を理解する力	
		例）チームで仕事をする時、自分がどのような役割を果たすべきか理解する。	
	規律性	社会のルールや人との約束を守る力	
		例）状況に応じて、社会のルールに則って自らの発言や行動を適切に律する。	
	ストレスコントロール	ストレスの発生源に対応する力	
		例）ストレスを感じることがあっても、成長の機会だとポジティブに捉えて肩の力を抜いて対応する。	

(参 考) PDCA サイクル

　本章ではキャリアデザインに関する基礎的な知識を学んできましたが、最後に皆さんのご参考に、学んだことを実際の具体的な行動を起こしていく場合に役立つチェックの手法としての PDCA サイクルについて触れておきたいと思います。これは単に行動の進捗を確認するというだけではなく、まさにサイクルと名づけられている通りに、このサイクルを繰り返し反復することによって、取り組みの継続的な改善を図っていくことにその本質があります。エドワーズ・デミングが考案したことからデミング・ホイール（Deming Wheel）とも呼ばれています。

1．Plan（計画）：従来の実績や将来の予測などをもとにして計画を作成する。
2．Do（実行）：計画に従って実行する。
3．Check（点検、評価）：実行が計画に沿っているかどうかを確認、評価する。
4．Action（処置、改善）：実行が計画に沿っていない部分を調べ処置する。

図表 2 － 7　PDCA サイクル

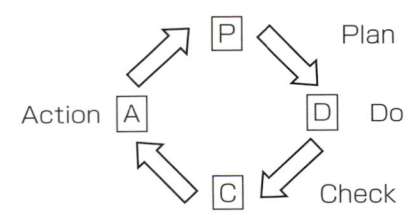

Column　人生ってこんなに素晴らしい

永濱　修（時計職人）

　時計は時を知らせるだけでなく、人と人を繋ぐ何かがあると感じています。
　時計が 100 あれば 100 の想い出があるとも信じています。
　「共に直し、共に喜び、共に涙することが生涯与えられた私の人生哲学だと思います。」

　「事故で壊れた妹の形見の時計です。修理に待っていくのですが、どこへ行っても直らないと言われるのです。」詳しく、お話をお聞きしていくと時計店だけでなくメーカーも修理期限外なので見ずして直りませんと断られたそうです。
　是非お越しくださいとお返事を致しましたところ、その日のうちにお越しになりました。お話を聞き時計を手にした際、流石に経年のため部品はないだろうと思いました。
　通常、修理をお預かりする場合はお客さまと向き合い機械を眺め分解しながら、どこが悪いのか調べながら行うのが私の流儀です。
　「インフォームド・コンセント」を大切に願うからです。
　機器で測定をしますが時計の心臓は動きません。次々テストをしながら原因の特定を致しましたが、残念ながら心臓にあたる電子回路が壊れていました。
　お顔を見ると落胆されているのがはっきりと見て取れました。
　部品の供給は十数年前に終わってしまっている。ストックがないか探してみましたがまったくない。更に落胆されている様子を感じながら、「残念ですがやはり駄目ですね。」
　その言葉でやっぱりと諦められた様子が伺えました。
　「でも、1 つだけトライしてみたいことがあります。」
　それは通常は絶対してはいけないこと、電子回路に微弱電流を逆に流すことでした。
　通常時、静電気の発生でも壊れることがあるところです。
　実は、このような事象は良くあることで、以前何回もトライしましたがすべて駄目でした。
　ところが、何と！　テスターはシグナルを拾ったのです！「チィチィチィチィチィ」・・しばらく観察しましたがしっかり刻むではありませんか・・・胸が熱くなりました。
　それから十数分かけて時計を組立完成しました。
　「良かったですね、動きだして。」と言いながら手渡しましたが、半信半疑のご様子。
　ほんの数秒でしたが、時計を眺めて針が動くのをご覧になり、突然号泣されたのです・・。
　それを見てわたしも震えが止まらなくなり、手を取り合って共に涙しました。
　傍では 5 代目の後継者の息子もいました。
　「想い出がこもった時計に命を蘇らせることは私に与えられた天職だと思う」

時計技能士としての私のルーツは、曽祖父です。
　曽祖父は、明治維新の頃に「播陽時計」の製作に携わり、その後、その経験を活かして技術系永浜時計店を開きました。明治30年のことです。
　その後、第2次世界大戦をくぐり抜け2代3代そして私が4代、現在5代目と続いています。
　もの心がついた頃には父親の膝に座り父親が直していた時計に触れたりしながら育ちました。
　日本で初めて大阪に公立の工業高校「時計計器科」ができ、22歳上の兄から無理矢理勧められて入学しました。
　しかしそこで、心豊かな恩師に出会えました。
　「永浜、君たちはただ時計を直すだけの職人ではないのだよ。『HOROLOGIST』なんだよ。時計を直せるだけではなく、時計のすべてを知って依頼主と正面から向き合って、手当てをする人になることだ！」と言ってくださったのです。
　今も私の信条にしっかり根づいていて、仕事着の胸にはそのシンボルである『HOROLOGIST』を入れ、いっときとも忘れたことはありません。

　中学校の担任で怒ると怖い先生がいました。ちょうど私が、高校を卒業した頃、県立養護学校の校長で赴任されたのを聞き、友人とご挨拶に行きました。
　帰り際、何気なく「先生何かお役に立てることがありましたら言ってくださいね」。と伝えると、間髪入れずに「永浜、時計の修理を教えに来い」。
　養護学校の生徒は職業が限られ卒業しても働く場所がない時代でした。
　当時、労働省が定める職業訓練資格試験が制定され、私は最年少で1級時計修理技能士に合格しておりました。
　すぐに「PECグループ」を立ち上げました。Pとは、時計職人としてプライドを持とう。Eとは、エンジニヤー（技師）の誇りを持とう。Cとは、時計に関してはコンサルタントでなければいけない。想いを込めた名前です。
　ある時、その校長に、いついつに県庁まで来てくれといわれました。何のことかわかりませんでしたが出向き驚きました。校長が良きことをした人に贈る「のじぎく賞」の申請をしてくださっていたのです。
　満々と職人の仕事に自信と誇りを抱きながら時は過ぎていきました。
　わたしの、今の幸せのルーツはここからです。
　平成7年1月17日午前5時46分阪神淡路大震災が起きました。
　姫路も大変な揺れで身の周りのことに気を奪われていました。突然電話が鳴りました。
　芦屋に住む姉の家が全壊に遭ったのです。辛うじて崩れた2階から這い出た姪からの悲鳴の電話でした。姉と母が生き埋めになっているというものでした。動転した中で急ぎ救出に向かいました。行く先々で怪我を負った人、命を落とし横たわった人々を目前にしながら、身内の安否を気遣うばかりに手助けもできず息子と二人乗りしたスクーターの後ろで涙しながら走り続けま

した。姉の家はまったく跡形もなく崩れていました。

　しかし、あの散々たる状況から救い出されていたのです。通りがかりの人々が我が身の危険も顧みず掘り出してくださったのです。隣、裏のご夫妻は亡くなられていました。

　生と死が一瞬にして別れる………現実でした。

　深夜帰途に着く時、息子と話しました。「生き方を変えねば」と。

　自分の仕事を通じて……。生かされた地域でお役に立ちたい……。個人として何かできないか……。と模索が続きました。

　そして、なんと！　次々とそれらが与えられたのです。

　仕事を通じては、全壊で避難所になり遺体安置場所になった辛い悲しい思いが詰まった学校から、震災で壊れ保存していた大時計を修復してくれないかと依頼を受け、震災記念日には時計の前で記念会をいたしました。

　震災後、兵庫県時計技能士会を立ち上げ同じ想いを共有する方々と共に活動をし、毎年数校、県下の中学校や小学校へ出向き体験授業を行い、震災のできごとを子供たちに語り伝えています。

　また、毎年2回、国際展示場で合同の技能フェスタを開き、時計何でも相談室を開設し、お形見や想いでの時計の修理ご相談を行っています。

　小学生を対象にした、「私だけの時計製作」では、体験から学ぶ知恵が大切、失敗は恐れることはない、最後までトライすることが大切なのだと伝えています。

　時間がかかる子、早く仕上げる子、綺麗に仕上がらなかった子、綺麗に仕上がった子と違いはありますが、必ず完成させます。その達成感は小さくても喜びとして一生忘れることはないと思うのです。ものづくりの原点や教育の原点もそこにあると信じています。

　生まれ育った地域でのお手伝いでは「NPO法人歴史と出会えるまちづくり船場城西の会」を立ち上げ9年目を迎えました。

　共に活動をする仲間との別れがございました。癌との戦いの中でも参加してくれていました。諸行無常との言葉があります「何ごとも全てではない」からこそ進んで生きたい。

　時計修理は、以前にも増して心を大切にいたしています。

　喜びのお手紙が砂漠に水がわき出でるように与えられてます。

　自分が変わり　一歩踏み出すことに勇気を持つ　そして感謝を忘れない

　「人生ってこんなに素晴らしい」

Column　ファイナンシャル・プランナーとしてのコミュニケーション

前野　彩（ファイナンシャル・プランナー）

　私は、四国・香川県にて保健室の先生として勤務していましたが、結婚を機に退職し、大阪へ引っ越しました。でも、退職の時になって雇用保険に加入していないことを知ったり、パートナーが加入していた保険会社が破たんするという出来事を体験して、お金の勉強をはじめたのです。これがファイナンシャル・プランナー（以後FPと略）としての人生のはじまりでした。

　FPは、「家を買いたい」「老後資金を貯めたい」など、お客様が望む未来を手に入れるためのアドバイスを家計面から行います。相談では、収入や支出・貯蓄額などの極めてプライベートな情報を話してもらう必要があり、その際に求められるのは「この人なら話をしても大丈夫」という信頼です。でも、FPになったばかりの頃の私は、頭では信頼が大切と思いながらも、知識を伝えることばかりに力が入っていました。そんなある日、お客様のお話をお伺いしていて、「この人が本当に不安に思っているのは、貯蓄ができないことではなく、ご主人が家計に興味を持ってくれないことなんだ。この不安を解決しないと、この人の家計は変わらないんだ」ということに気がついたのです。それ以来、見えない声を聞くことを意識するようになりました。

　また、お客様は様々なことを話してくれますが、すべてのお客様のお話を、全部覚えておく記憶力が私にはありません。そこで、相談が終わった後は記録を取るようにしています。ここでの記録とは、相談内容だけではなく、話題になったお客様の好きなことや趣味なども含みます。

　もし、あなたが1年前に話したことを覚えていてくれたらどう思いますか？　嬉しいですよね。お客様は1度だけではなく、半年後、1年後も相談にいらっしゃるので、会話の引き出しがたくさんあるほど、お客様の心はほぐれ、会話が弾むのです。

　でも、初めて相談にいらっしゃる方は、皆さん緊張しています。そこで私は、お客様にお渡しする名刺は、内側にプロフィールマンガを載せた2つ折り名刺を使い、これをきっかけに話題を作って緊張をほぐすように努めています。

　ビジネスにおいては、たわいのない雑談も大事です。食べ物でも、旅行でも、相手の内面が見えてくるとその人に好感を持ちますから、様々な分野の情報を持って、会話の花を咲かせましょう。

　学生の皆さん、今からたくさんの情報のアンテナを張っておいてくださいね。

第3章
コミュニケーションの基本知識

> **ねらい**
> 1．本書で扱うコミュニケーションの領域に関連する基本的知識を理解する。
> 2．本書で解説されているコミュニケーションに関連する様々な考え方や技法を個々バラバラのものではなく、全体として有機的に理解するための視角（＝ものごとに対する見方・考え方）を自ら作り上げていく。
> ※コミュニケーションを学ぶ人々にとって、共通の知識であると考えられる部分について取り上げています。

1．はじめに

　本章では、コミュニケーションに関する基本的な知識を身につけるとともに、関連の各項目を有機的に関連づけしていくための視点を提示します。個々バラバラの知識としてではなく、コミュニケーションについて学びトレーニングを行っていく際に、皆さんが多角的な観点を有機的に総合した思考ができるようになって頂きたいと思います。更に、コミュニケーションに関しては誤解もあるように感じますので、最初にそのような誤解を解きほぐして、その後に基本的な関連知識について解説をしていきたいと思います。

2．コミュニケーションに関する誤解

（1）コミュニケーションの多面性
①コミュニケーションの範囲
　まず、本書の主な読者は学生や若手のビジネスマンかと思いますが、本書で扱うコミュニケーションは、学生の就職面接や若手社会人の昇進試験だけに特化したものでは

ありません。コミュニケーションとは人が自分自身と、周囲の人々、そして社会と繋がりながら、よりよい人生を生きていく為の広い意味でのスキルと捉えています。したがってライフデザイン全体に関わるものであり、その範囲は幅広く、個人の人生観なども色濃く反映されることになります。

また、コミュニケーションというと、対人関係を思い浮かべることが多いかと思いますが、われわれは対人関係に向き合っていると同時に、自分自身と向き合っていることも忘れてはなりません。後に詳しく述べる自己認知の問題が、対人関係にも大きな影響を及ぼしています。更には、コミュニケーションというと、話すことなど他人に対して情報を発信することを思い浮かべがちですが、相手の発信を受け取ることも非常に重要な要素であり、決して一方通行のものではありません。相手の話の聴き方については、特に重要であるため、「傾聴」について別の章にて詳く扱うことになります。このようにコミュニケーションは自らの内面において双方向的なものでありますし、また相手との関係においても双方向的なものなのです。

②面接対策という誤解

コミュニケーションを面接対策というような狭い概念で捉えることの不適切性については既に述べましたが、もう少し補足しておきたいと思います。世間には面接対策本といわれる類の本が溢れています。多くの人が目にしたことはあるでしょう。しかし、それらの本の模範応答を暗記していれば、面接に合格するというものでないことは誰の目にも明らかでしょう。そもそも面接では、応答した言葉の意味だけが問われるのはなく、他の要素もあると感じ取ることができる必要があります。

図表３－１　面接対策の誤解

- ・同じことを言っても、合格する人もいれば、不合格になる人もいる。
- ・失敗事例として取り上げられている行動をしても、合格する人は合格する。
- ・事例集通りの答えを暗記して、面接マナー通りに行動しても落ちる人は落ちる。
- ・世間に面接対策本は溢れている。

（2）コミュニケーションで伝わる情報

①メラビアンの法則

コミュニケーションについて、自分と相手の存在を前提にしたうえで、よく知られているのがメラビアンの法則です。ただ、この法則は誤って伝えられることが多いので注

意が必要です。この法則は物事を伝えるうえで、言葉の意味と聴覚と視覚を比べた場合に、その伝達に及ぼす影響は、言葉の意味が 7%、聴覚が 38%、視覚が 55% であると、単純に一般化した伝えられ方がなされる場合が多いのですが、本当は違います。

　つまり、まるで情報発信に際しては、言葉の内容よりも、見た目の爽やかさや、言葉のメリハリなどが重要であるというような形で伝えられることが多かったのです。しかし、この実験は情報発信について一般化した法則を実証したものではありません。しかしながらまったく意味がなく誤用され続けたのでしょうか。

図表 3 − 2　メラビアンの法則

> アルバート・メラビアン（Mehrabian, A.）が 1971 年に発表したこの法則は、「好意」「嫌悪」「中立」のニュアンスを表す言葉を 3 つずつ選び、それら 9 つの言葉を、それぞれ、「好意」「嫌悪」「中立」の声色で話者がテープレコーダーに録音。「好意」「嫌悪」「中立」の表情をした顔写真を 1 枚ずつ用意して、被験者はある写真を見せられながら、ある言葉を、ある声色で聞く。そして、話者の感情をどう判断したかを調べるというものでした。選んだ言葉は単純な単語であり、例えば「ありがとう」という言葉の意味と、怒った声色や表情という矛盾した現象を目にした場合に、それを聞いた被験者は、「ありがとう」という言葉の意味よりも、怒った話者の感情の方が伝わる割合が大きいというような素朴な実験でした。したがって、言葉の意味よりも、視覚や聴覚の影響の方が圧倒的に大きくなるのは当たり前といってよいでしょう。
> この実験は、コミュニケーションにおける各要素の伝達力を検証したものでもなければ、非言語情報の重要性を立証したものでもありません。

②感じるということ

　メラビアンの法則の誤った伝わり方については、例えば哲学の講義をドイツ語で聞いたとして、ドイツ語がまったくわからない時にも、講師の身振り手振りや表情で、伝えられた情報を 93% 理解しているといえるのかどうかを考えれば、明らかに誤りであることは自明です。だからといって、相手と出会って、たとえ何も話さなくとも相手の気持ちが十分に察せられることがあることもまた事実でしょう。したがってメラビアンの法則については、「情報の内容には感情も含めて考えるべきであり、その受け止められ方には人間の持つ五感が動員されていることを重視すべきである。」と解釈すべきでしょう。

　更には、人間のコミュニケーションには意味論だけでは解釈できない問題が含まれています。人間の会話も、公の場でのフォーマルな会話もありますが、仲の良い友人との

カジュアルな場面においては、意味を伝えようとするのではなく、例えば「雑談」のように、親しみの感情を「交換」することが目的の場合さえあります。大学の講義などでは、コミュニケーションというものが、何か特殊なもののように感じられることがあるかもしれません。しかし、日常生活の場においては、フォーマルな会話よりも、このような雑談に近い会話が多いでしょうし、また人間どうしの関係作りに関しては、その重要性はより高いともいえるのです。コミュニケーションという単語を日々の生活感覚から遠ざけて考える必要はまったくないのです。

（3）価値の問題

　コミュニケーションにも価値の問題は密接に関連してきます。意識的にせよ、潜在的にせよ、人間の行動については、その優先順位や善悪や適否を決める各自の価値観が影響します。当然のことと考えるかもしれませんが、例えばディスカッションとディベートはどう異なるのでしょうか。あるいは、ブレーンストーミングと比べてみてどうでしょうか。ディスカッションというのは、どちらかというと合意を目指して説得するイメージで捉えられ、ディベートとなるとルールがある中で、議論には勝敗がついて回るイメージですね。これがブレーンストーミングとなると、アイデアを出す際の相乗効果を狙ったイメージが強くなってきます。これらの区分が必ずしも明確というわけではないにしても、どのような手法で相手と情報や考え方を交流させるかについて、その目的や個人の価値観が問われることになることは覚えておくべきです。

3．自己認知

（1）自己認知の構造

　人は何かを体験すると、その結果何らかの感情を得たり、その体験に対応した行動を取ることになります。何かの体験があって、その結果、何らかの感情や反応がおこる訳ですが、近年の心理学、行動学の発展の中で、この体験とその結果を媒介するものとして、「認知」の問題がクローズアップされてきました。この考え方は、バンデューラ（Bandura, A.）が、刺激に対する個人の解釈や予期可能性の重要性を唱えたことや、ベック（Beck, A. T.）やエリス（Ellis, A.）が、出来事に対する不適切な認知が心理的な問題症状を生むと考えたこと（ABC 理論）などを源流とし、今日の心理学の世界では認知行動療法という心理療法の中核的な地位を占める理論となっています。心理療法といいますと、健全な方々には縁のないように感じられるかも知れませんが、実は日常のわれわれの生活領域でも応用できる考え方ですので以下に簡単に説明しておきましょう。

図表3－3　「認知」が感情や反応を媒介するモデル（ABC理論）

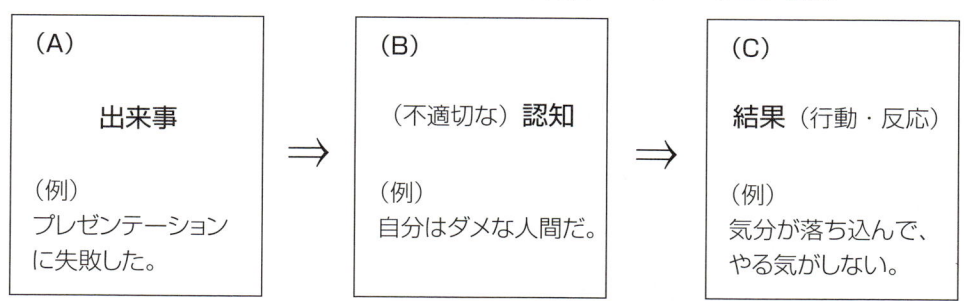

(A) 出来事	⇒	(B) （不適切な）認知	⇒	(C) 結果（行動・反応）
（例）プレゼンテーションに失敗した。		（例）自分はダメな人間だ。		（例）気分が落ち込んで、やる気がしない。

（出典：下山晴彦編『よくわかる臨床心理学』ミネルヴァ書房、2009年、p.159）
※一部著者が修正。

　この認知行動療法の考え方の1つの大きな特徴は、出来事を通じて与えられた刺激が結果として人の感情や反応となる時の媒介場面を、認知（言語）的反応、身体（生理）的反応、行為（動作）的反応の3つに分類し、それらが関連しあっていると考えることです（＝三項随伴性）。また、ここでは感情は生理的な現象と連携して動くものと位置づけています。このように、ABC理論でいうところの、認知の部分では、身体や動作、感情が密接に関連して一定の結果を生み出していると考えている点が重要です。本書の後半の実践部分で、身体論的な側面を扱うのもこの考え方に基づいているのです。

図表3－4　認知における「三項随伴性」
（更に「感情」も生理的な面と緊密な関係にあると考える）

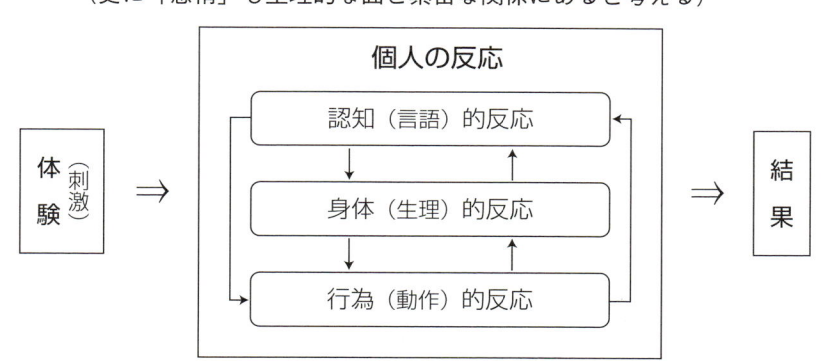

体験（刺激）　⇒　個人の反応 ｛ 認知（言語）的反応 ↕ 身体（生理）的反応 ↕ 行為（動作）的反応 ｝　⇒　結果

（出典：前掲『よくわかる臨床心理学』、p.160）※一部著者が修正。

第3章　コミュニケーションの基本知識

（2）自己認知の歪み

　認知の歪みは何も心理的な疾患がある人々にだけ見られるのではありません。私達も、後でよく考えてみたら、あの時の判断や解釈は間違っていたというような場面に多く遭遇しているものだと思います。その原因としては、①スキーマ（人がそれぞれ保持している知識や信念の体系）、②自動思考（不随意で自動的に起こってく思考やイメージ）、③推論の誤りなどが考えられます。

（3）スキーマや自動思考の歪み

　スキーマや自動思考の歪みについては、それこそ各人の人格形成のすべてに関わる問題であり、各人の価値観、自分自身の欲求や過去の経験、属する集団の影響、その時の感情、また遺伝や社会状況の変化などとも切り離せない性質のものでしょう。この領域については、本書全体を通して何らかの示唆を読み取って頂き、実際のプラクティスを通じて身につける、あるいは修正して行って頂く他はありませんがヒントは提示したいと思います。

　ここで特に注意して頂きたいのは、人は不快感を感じた時には、それを解消しようとする心のメカニズムがあり、自分の考え、欲求と行動や現実が一致しない状態に対しては、①自分の行動を変える。②自分の意見を変える。③新しい認知要素を付け加える。というようなことが起こってくるのです。（＝認知的不協和理論）しかし、これらに成功せず、不愉快な状況を克服できない状態が長く続くと、無力感が無力感を呼び、心を支配してしまう「学習性無力感」の状況を呈することも起こり得ます。

　シャトルボックスの実験といって、犬を拘束して電気ショックを与えることを何度も繰り返した後に、今度は犬を拘束しないで（つまり逃げられる状態で）電気ショックを与えた場合に、犬が逃げないという現象が起こったことが確認されました。はじめの体験で逃げられないことを「学習」してしまったために、逃げることができるのに逃げようともしないという結果がもたらされたのです。このように学習には、ネガティブな側面もありますので、日常がまったく不変で変わらない、永遠の日常であると思い込むことは、精神的に大きな落し穴に入り込む危険性につながるのです。

（4）推論の誤り

　次に推論の誤りについて説明し、日常的に各自が自らの判断を下していく際の参考にして頂きたいと思います。

第1部 理論編

① All or Nothing の思考

　ほんの少しの失敗や例外にもがまんできずに、すべてを否定してしまう二分論的な思考方法をとってしまうことです。完璧主義的な思考などもこれに当てはまるでしょう。この思考は相手に向かえば、相手に非常に高いハードルを要求し、迷惑を与えることになりますが、この思考が自分自身に向かうと、自己否定に向かいやすくなります。「いい加減」や「落とし所」といった思考も現実社会には必要なことに気づくべきでしょう。

② 極端なネガティブ思考

　物事について、なんでもネガティブに捉えてしまう思考です。発達心理学の研究からは、このような思考は、幼い時代に強権的な両親の下で否定（禁止）的な言葉に日常的に晒されて育った場合などによく見られることがわかっています。各個人の「生育歴」は非常に重要なもので、各自でライフマップを書くなどして振り返ってみることも必要でしょう。

③ Must 思考

　何かせねばならないというような強迫的な思考のことです。自己や他者に対して常に高い基準を課します。本当にその行動が自分にとって、あるいは周りにとって最善のものであるのか再考してみることが必要でしょう。目的が合理的でも、達成する方法は何種類もあることが多いのではないでしょうか。

④ 過度の一般化思考

　一度起こった否定的な事実をいつも起こるものと過度に一般化してしまう思考です。例えば一度プレゼンテーションに失敗すると、まったく違う状況でプレゼンテーションを行っても、また失敗してしまうのではないかと思ってしまうような思考です。このネガティブな方向に思考が集中しますと、次の準備に取り掛からない前から、もうダメなのではないかというような「予期不安」を起こすようなことにも繋がります。逆に一度成功するとずっと同じ方法で成功するという慢心につながることもあるでしょう。ケースバイケースで考えるという感覚が必要でしょう。

⑤ 飛躍的推論思考

　他者の考えを確かめもしないで、自分でわかっていると思いこむ思考です。相手に自分の思いがよく伝わっていないと感じることは誰にでもあるでしょう。それが、他人から見て自分に起こっているのです。やはり他人の話には耳だけでなく心も傾けるという

本当の意味での「傾聴」が重要になってきます。

4．自己認知の改善

　今まで見てきたような自己認知の歪みをどのように矯正していくのかに関して説明を加えていきたいと思います。心理療法的なものは沢山ありますが、ここでは健常者がそれ程の専門知識がなくとも、自ら行いやすいという観点から行動療法の基礎的な考え方を学んでいきたいと思います。行動療法は、不適応行動や問題行動も学習によって形成され、その矯正も学習によって行えると考えます。すなわち、こうして私たちが学習しているこの場が、改善のきっかけとなる訳です。

（1）条件付け理論

　パブロフ（Pavlov, I. P.）によってまず古典的条件付けが提示されました。食事を待つ犬に、ベルを鳴らしてから餌を与えるという手続きを繰り返すと、初めは餌を口に入れてからしか犬の唾液は分泌されなかったのが、ベルの音を聞くだけで唾液が出るようになることがわかったのです。こうしてある結果と本来的には無関係な条件を与えることによってもその結果が生まれることがわかったのです。

　古典的条件付けでは、行動に先立つ刺激に注目しましたが、逆に行動の結果がその後の行動に影響を与えることに注目したのがスキナー（Skinner, B. F.）でオペランド条件付けと呼ばれます。勉強が嫌いな子供に、親が勉強しなかったら罰としてケーキを食べさせないことにし、勉強をしたら好きなケーキを食べさせることにしたところ、子供はケーキが欲しいので勉強したということがあれば、これはケーキを食べられないという罰の回避と、ケーキを食べるという報酬の獲得の為に、子供が行動を変えたと考えるのです。

　他に注目されるのが、観察による条件付けです。必ずしも直接経験したりしなくとも、他者の行動を観察（モデリング）することによって学習が成立することもわかってきたのです。われわれは生まれて以来、まずは親や周囲の人のまねをして育ってきたのであり、言葉の習得などを考えればこのことは明らかなことです。よいと思われる先人の行動を真似るという学習法は、自明のこととも思われますが、これは我が国では武道や稽古ごとの中での、「型」となって受け継がれていることにも注意してください。この点については、また後の章にて触れることに致します。

（2）条件付け理論（学習理論）の応用

①古典的条件付け理論の応用

代表技法として系統的脱感作法があります。不安や恐怖などネガティブな反応を引き起こしている状態に対して、それらと両立しない反応（弛緩反応）を同時に起こす（脱感作）ことによって、これらの反応を段階的に消去していくい手法です。例えば、プレゼンテーションに対して恐怖感を持っている場合に、いきなり100名の前でプレゼンすることを想像するのではなく、まずは一人の相手に少しだけ話をするといったことを想像し、不安感が落ち着いたところで、徐々に相手の人数や話す時間が長い場面を想像していくのです。

古典的な条件付けは、本人がそのような状況にはまっている（＝スキーマ）ことに気づいていないこともあり、まずそのような不適切なスキーマにはまっていることをどこかで気づかなければなりません。そして、このスキーマの条件を外すことによって、自己を解放しようとするのです。

②オペランド条件付け理論の応用

大きくは2つの手法があります。第1のオペランド条件付け理論の応用は、特定の行動を増加させるために、食べ物や褒め言葉を与えたり（正の強化）、既にその行動に与えられている非難や叱責などを取り除くようにします（負の強化）。おのおのこの逆のことをするのが、正の罰と負の罰です。この手法も目的行動の達成が急には難しい場合は、それに似通った目標をつくり、慣れるに従って徐々に本来の目標に近づけていきます。しかし、過度にこの手法を用いることは「依存心」を起こす可能性もありますので、注意する必要があります。

第2の手法は、応用行動分析手法と呼ばれます。問題となる行動があったとして、その後にどのような刺激が生じているかを分析し、その問題行動とその後の刺激の因果関係を断ち切るように変化させていきます。例えば、教室で奇声を上げるという問題行動があった場合、奇声を上げることが注目を浴びたいという欲求に基づいているという蓋然性が確認できた場合には、皆の前で発表をさせる機会を作るとか、正当な手続きでその欲求を満たしていくように変化させていくことです。

③モデリング理論の応用

モデリングとは、モデルの望ましいと感じる行動を直接、あるいは間接的に見せて、それを模倣させることによって行動を適正化しようというものです。ロールプレイングなどもこの1つの手法です。ただ、対象となるモデルに対して本来的な好意がなけれ

ば、この手法は上手くいくことは難しいのも事実でしょう。やはり、無理に強制されるのではなく、自発的に自然と「あこがれることのできる」モデルを探し、それに没入することが最も効果が高いといえるでしょう。それには自分の模範となるような一流の人物に出会う、見るという自らの積極的な行動が、まず求められることになります。このことは重要ですので、次の章でもう少し詳しく見ていくことにしましょう。

5．対人関係と自己開示

（1）ジョハリの窓

　自分が自分自身を認識している姿と、他人が見ている自分の姿の差異を認識し、それをフィードバックし合うことによって、相互理解を深めるとともに自己成長を遂げようとする考え方があり、この考えはジョセフ・ルフト（Joseph Luft）とハリー・インガム（Harry Ingham）によってモデル化され、そのモデルは、彼らの名前をミックスすることで、通称ジョハリの窓（Johari window）と呼ばれています。それは、横軸に自分が認識しているかどうか、縦軸に他人が認識していうかどうかをとって、合計4つの場合に分けて考えるモデルです。

図表3－5　ジョハリの窓

		自　分	
		知っている	知らない
他人	知っている	①開かれた窓 公開された自己 Open Self	②盲点の窓 他人からそう思われている自己 Blind Self
	知らない	③秘密の窓 隠された自己 Hidden Self	④未知の窓 誰からも知られていない自己 Unknown Self

①開かれた窓：自分の考えている姿と、他人に見えている姿が一致している状態。ここの領域が大きければ、誤解のない円滑なコミュニケーションが可能となる。
②盲点の窓　：自分にはわかっていないが、他人にはわかっている領域。この部分を他人から自分へフィードバックすることが重要となる。
③秘密の窓　：自分ではわかっているが、他人には隠している領域。ここの部分が大きいと、他人とのコミュニケーションが不自然になりがちで徐々に自己開示が求められます。
④未知の窓　：自分にも他人にもわからない自分の部分です。未知の領域であり、新しい自分の可能性を示す部分ともいえます。

（2） 自己成長

　ジョハリの窓を使って説明すると、他人からのフィードバックをもらうことにより、②の盲点の窓を小さくすることができます。この為には他の人の意見やアドバイスを聞く耳を持つ必要があります。次に、他人に対して自己開示をすることで、③の秘密の窓を小さくすることができます。オープンマインドでいることを意味します。この自己開示では、特に内面性の高い事柄を開示することを「告白」と呼び、心の傷について告白することで、心身の健康が向上し、抑制すると健康度が下がるという研究もあります。このような開示に対して、一般に人は、他人が開示した内容と同レベルの事柄を開示しようとする傾向（＝返報性）があるといわれています。最後に、未知の窓を小さくするような気づきを得ていくことで、自らの新しい可能性を拓くことが示されています。

（3） セルフコントロール

　広い意味では、思考、感情、行動などの人の活動全体に渡って自分の意志で安定的に制御することです。狭い意味では、心身をリラックスした状態に保つことを指します。ジョハリの窓を広げつつ、開かれた窓での自らの行動から極端な振幅を取り除くことによって、他人との関係も安定しますし、自らの心身も安定していくことになります。学生時代や若いサラリーマン時代の時期には、中々自らの裁量で自由に判断できるような環境を作りづらい訳ですが、セルフコントロールができてこそ、より大きな裁量や権限が周りから与えられるようにもなるのです。

アドバイス

　本章は理論編ですので、トレーニングはないのですが、上記のジョハリの窓はクラスの友人などとゲーム感覚でやってみると面白いと思います。自分自身と友人とでそれぞれジョハリの４つの窓を埋めていくのです。それぞれが紙に書いて、集計係を決めて一斉に発表してみるなどしてみたらいかがでしょうか。自分の考えと、他人の考えがまったく同じだったり、違っていたり、思わぬ発見があること間違いないと思います。自己紹介等の際にあわせて行うのもよいかも知れません。

6．ストレスマネジメントとコミュニケーション能力

　現在の心理療法の分野では、認知の問題も含めて認知行動療法が中心的な役割を果た

していますが、それは専門的な知識を持った他者の介入を前提とすることが多いので、本章ではあくまで健常者が自らのチェックや自己成長を図るために、行動療法の基礎的な知識について整理をしておきました。後半の実践編では、他にも自律訓練法やモデリングについても扱いますし、本書の大きな特徴の1つとして、日本の伝統的な内観法などについても紹介していきます。

　最後に本書は、心身一如とか心身一元（心と体が一体であること）は当然の前提であり、更にはそのような「論」ではなく、「事実」に着目するという、成瀬悟策のいう「心身一元現象」の立場に立っていることをお伝えしておきます。

Column　私の考えるコミュニケーション能力

村岡真千子（フリーライター）

　人との距離感を詰めること———。ライターとして活動する5年の間に覚えた、最も大切なコミュニケーション能力の1つだ。

　それを強く意識したのは、京都の山間部に細々と伝わる観音霊場巡りの本を出版した時のこと。取材先は地域に密着した寺々。慣れた市内のお寺と違い、警戒心が強い。電話をかけ進めていくと、広告料の心配などから、掲載拒否されるところが出てきた。何度も掛け直しお願いするも、2・3カ寺は断固として拒否とのこと。三十三所と決まっている以上、企画として1カ寺たりとも欠けさせるわけにはいかない。こうなれば当たって砕けろと、直接伺ってお願いすることにした。

　その中の1カ寺でのことだ。田舎なのでインターホンなどない。玄関の扉を開け、声をかけた。突然訪ねたにも関わらずご住職が出て来てくださったのだが、話を始める前に心がパキッと折れそうになるのを感じた……距離が遠い。ご住職はお堂の上。私は玄関を入った土間。その隔たりは4メートル近くもある。企画書を渡そうにも、まず手が届かない。ましてご住職は手を後ろに組んでおり、その距離はもっと遠くに感じた。

　「お電話でお話しした件なのですが……」。話し始めるも、ご住職は微動だにしない。遠さを感じつつもただただ必死。一生懸命に企画の意図を説明し、ご心配をおかけするものではないことを説明した。

　話し続けること30分近く。私はその時のことを忘れないだろう。ご住職が固く結んでいた手をほどき、近づいて来てくれたのだ。一歩、二歩、三歩……立ち止まった場所は私から約1.5メートル先。そして「じゃあ企画書もらいましょうか」と一言。そこから話は早かった。企画書を渡し即時取材をすることが決定。一緒に境内を回りながらお話を伺う。初めの拒絶が嘘と思えるほど親切な対応に、ようやく距離がなくなったことを感じた。

　そして本が出来上がり、お世話になった寺々に完成品をお送りする。すると後日、社内に鳴り響く1本の電話が。例のご住職からだ。ドキドキしながら電話に出ると、まさかの本の追加注文。「よく書けてる」。短いけれど何よりの言葉に感激を覚えた。

　人との距離感を詰める際、相手の好きな話題からはじめる、相手にトーンに合わせるなど、人それぞれテクニックを持っているだろう。ただ、まずは誠実に対応すること。その基本に立ち返った貴重な経験だった。

第4章
学生時代に築くもの

> **ねらい**
> 1．激変する社会状況も視野に入れながら、自らの今後を考える。
> 2．自分の本物化こそが、一番の近道と知って、自らを磨いていくことを考える。
> 3．学生時代に何に力を注げばよいのかを考えて、実行に移していく。
> 4．就職活動に関して氾濫する情報に惑わされず、就職活動の実際を的確に知る。
> 5．成長の為の1つの「憧れる」モデルを提示する。参考にしながら、自らの行動に活かしていく。

　本章では、就職活動についての誤解も解きながら、就職活動の実際について解説していきます。ただ、この現実も昨今の社会の急速な変化に合せて変わる部分もあると考えられます。したがって、そのような社会変化の方向を見据えながらも、個人で努力すべきは努力すべきという、当たり前のことをもう一度確認して、自分自身の行動、体験によって自分自身を磨き、自分の本物化を図っていくことが一番の近道であることを解き明かします。また、実際の行動を起こすに当たって、その行動範囲や選択肢を広げる為に参考になる情報、また指針となるような自身の成長のモデルを説明します。

1．生きること働くこと

①就職の目的を考える

　就職活動の時期がだんだん近づいてきますと、書店の就職書コーナーなどには人だかりができています。そして、俗にいう「就活対策本」や「面接対策本」といわれるものが、結構売れているようです。これから就職活動に向かおうとする人方が、情報を得ようとすること自体は当然のことですし、それらの「対策本」の中によい情報もあることと思います。ただ、それよりも先に、まず自分自身が今後社会人としてどのような生活を送っていきたいのか、自分自身は何を大切にしていきたいのかについて、心を落ち着

けて考えておく必要があるように思います。

②人生や働く目的

　人生の意味などというととても古臭いし、身構えてしまう方もおられるかと思いますが、人が生きて行く以上、自分自身の人生のことを考えることは当たり前のことで、むしろ考えない方が不自然なことでしょう。もちろん、人生や働く意味は人それぞれであり、本書でそのような個人の価値観について断定的な見解を押しつけようとはまったく思っておりません。しかしながら、個々人が自らの価値観を作っていくにせよ、そこにはやはり先人の残した智慧というものがあるのもまた事実であるように思われます。

　本書では、お金儲けの為に働くというのは本末転倒であろうと考えています。もちろん、お金がなければ生活もできませんが、それは「手段」であって働く「目的」ではないと本書では考えたいのです。お金儲けをする為に人が生まれて来た訳でないのは自明だと思えるからです。

　チャップリンは人生に必要なものとして、「愛と勇気とサムマネー」の３つをあげました。お金は生きる為に必要ですし、お金自体に善悪の価値はありません。お金はそれを使って如何なる新たな価値や創造を作り出すかに意味があるのであって、あくまで手段です。私達は仕事をしてお金を頂きますが、それをどのように活用するのかという目的を忘れては本末転倒です。更に、人は一人では幸福に過ごすことができないのです。人と人との紐帯や情感溢れる関係を築き得てこそ、人は幸福を味わうことができることは人間の歴史が示していると思います。

③理想と現実

　このように書いてきますと、何やら理想論を語っているようにお感じになるかも知れませんが、そうではないと考えます。少子・高齢化、デフレの継続、年金や財政の破たんの恐れから、地球温暖化、天候の変化、自然災害の増加まで、われわれを巡る環境は課題山積状態であることは明らかで、社会には漠然とした不安や鬱積感も漂っているように思われます。現行の社会に大なり小なり生きにくさを感じている人が増えていることは間違いないでしょう。加えて昨年の東日本大震災は多くの人々に多大な影響を与え、それは潜在的な部分も含めれば、人々の価値観を大きく揺さぶっているものと考えています。実は本書もそのような中で生まれてきています。

　これまで、多くの人が「世間からの承認」を得る為に働いてきたのではないでしょうか。就職活動に引きつけていいますと、東京の有名大学の女子の希望進路調査で、国連職員、医師、弁護士が何年もの間上位にあったそうです。いずれの職業も、素晴らしい

お仕事であり、働き方によっては、多くの人を救ったり、役に立ったりできる職業だと思います。しかし、そのような職業に就くことと、職業に就いて実際に多くの人を救ったり、役にたったりできることは、また別の問題であると思われるのです。

　第2章で人間の欲求としてマズローの5段階説を取り上げましたが、本書ではまさに今こそが、第4段階で求める「承認の欲求」を社会全体として抜け出し、次の段階へ進むべき時期に来ているのではないかと考えています。第1章でも、本書の社会の変化に対する考え方を述べましたが、本章ではもう少し就職活動に直接関係する身近なところから、再度論じてみたいと思います。

2．就活を取り巻く環境

　第1章では今起こっている社会の変化や今後の展望について、「経済」の在り方自体が本来の「経世済民」の方向へ変化していくのではないかという観点から議論を行いました。ここではそれを受けて、そのことが直接就職活動に関してどのような影響があるのかを考えてみたいと思います。

①社会の中の絆

　日本型経営の定義は経営学の文献に譲りたいと思いますが、戦後の日本の会社は、制度的にはOJT（実際に仕事をする中で、教育・トレーニングを受ける）を中心とした社内教育と終身雇用、精神的には高い愛社精神と勤勉さに支えられた一種の「擬似会社共同体」といったものを形成していたと見ることが一般的でしょう。もちろん、このような「日本型」経営は戦後のことであるので一般化できないという議論もありますが、この日本型経営が、昨今のグローバルな市場競争至上主義によって、会社が正規雇用を減らし、生産拠点を海外に移す等のコストカットに注力する中で揺らいでいること。その結果として会社の中に含まれていた「共同体」としての機能が一般的に衰えつつある傾向にあるのは否めないものと考えられます。

　それが事実であり、また人が一人では人間らしく生きることができないのだとするならば、我々は人と人との新たな触れ合いや絆を求めるようになるのは自然なことです。そのような中で、利益極大化原則の呪縛から距離をおき、得た利益の還元や再活用を重視しつつ、会社の中にある絆を復興しようとする動きもでてくるものと思われます。特に身動きのしやすい中小企業にあっては、そのような経営の在り方を採用する企業も増えていくでしょうし、またそのような経営を継続している会社も数多くあるでしょう。

　他方で、人間が生活をしていくうえで衣食住が基本になるのはいつの世も変わりませ

んから、住んでいる地域やコミュニティー、御近所さんとの絆を復興していくことも起こってくるでしょう。また地域だけでなく、職種や趣味やサークル、子供の通う学校の活動を通じて作られるコミュニティーの強化なども起こってくるものと考えられます。

　ここで強調したいのは、このようなコミュニティーにおいて「いいとこ取り」はできないということです。戦後の核家族化の進行や、転勤による近所付き合いの希薄化などは、近所付き合いや学校でのPTA活動などの関係を、自らのプライバシーと相入れないものとするような機能重視の価値観に支えられて進行したように思われます。

　自分が苦しい時に助けてくれるコミュニティーは、一方では自らのプライバシーや独自の活動に一定の制約をかけることもあります。自分の子供のめんどうを見てくれるコミュニティーは、自分の行動に対して干渉する可能性もあるいう「相互的」な関係にあるのです。全体のことを考えず自分のメリットだけを追い求めたり、機能重視の姿勢だけではこのようなコミュニティーは成り立ちません。

　利益極大化や合理化、機能化というのは手段であって、それで得た利益や機会を使って何を社会にもたらしたいのか、その「目的」を明らかにしていくことが、個人にとっても、会社にとっても今後ますます重要になってくることを強調しておきたいのです。

図表4－1　「目的」あっての「手段」

How?＜For What?

何をしたいのか、その「目的」が明確でないのに、どのようにという「手段」を問うことは、何かおかしいとは思いませんか？

②就活におけるコミュニケーションとは

　さて、このような大きな変化が見通される中で、就職活動におけるコミュニケーションの目的は一体何なのでしょうか。多くの調査や就職活動本の中で、企業が学生を採用する際の判断基準を求めたところ、最も多くの企業が学生の「コミュニケーション力」と答えていることがわかります。しかし、この場合に使われるコミュニケーション力の意味については注意が必要です。

　企業の面接担当者が、学生を面接する場合に、学生と交わす言葉の表面的な意味内容に最も注目していると考えるのは明らかに誤りです。面接対策本で示された適切でないとされる受け答えをしたとしても、受かる人は受かりますし、逆に面接対策本の応対に

ある通りの模範解答を暗記して答えても、落ちる人は落ちるのです。第2章で説明しましたが、メラビアンの法則を思い出してください。

　一般にコミュニケーションにおいて、言葉の意味内容が占める割合は高くはないのです。端的にいうと、面接担当者は学生の言葉の「裏打ち」するものを探していることを肝に銘じることです。具体的にいえば、自らの得たものを示す為の具体的なエピソード等が明確に話せているかということになりますが、そのエピソードを聞く際に、面接担当者は、その話のリアリティーに神経を集中していることを知るべきです。真実がどうかは、面接の際には本人にしかわかりませんが、コミュニケーションを行う際に、伝わるのは言葉の表面上の意味内容だけではなく、本人が体験することによって得た、「自信や達成感、誇り、喜び、責任感」といったものが同時に「伝わっている」のです。面接担当者はその部分に集中しています。見えないものは伝わらないのではありません（※それを「見切れない」場合があることも事実ではあります）。

　面接対策本にある通りの状況で、まったく同じ質問がなされたと仮定して、模範解答を暗記して答えても、その模範解答に値するだけの、本人の実際の経験による裏打ちが感じられない情報は、リアリティーを持たないのです。そのような受験者の態度を、面接担当者仲間では「痛い」と表現しています。正確にいうと「傍ら痛し」、つまり周りで聞いているのが忍びないという状態です。

③就活におけるコミュニケーションに対する誤解

　先に、企業の学生に対する判断基準でコミュニケーション力が重視されていることを書きました。しかし、このコミュニケーション力はある種「言い訳」にも使われていることにも注意しましょう。面接担当者が志望者を落した場合に、その理由を問われることも結構あるのです。例えば、例年、特定の学校から一定の人数を取っているような場合に、ある年に限って、採用人数が落ち込むようなことがあると、学校関係者から企業に対して、その理由が問われることもないことではありません。そのような際には、まず、不景気と競争率の高さをいうのが普通ですが、具体的な理由を突っ込んで尋ねられた場合に、「きらりと光るいいものを御持ちだったのですが、残念ながら、それを上手く伝えるだけのコミュニケーション力の点で、惜しくも少し差がつきました。」と答えるのが無難なのです。本当のところは、その志願者の能力不足だったり、いっしょに働きたいとは思わなかったからという理由かも知れません。したがって、このような答えに接した時には、本当にコミュニケーションのスキルが低かったのか、それとも伝えるべき内容が乏しかったのかなどを、見つめ直してみる必要があると思います。

④就活におけるコミュニケーションの意義

このように就活におけるコミュニケーションという狭い領域に限っても、コミュニケーションの内容は多様です。またコミュニケーションがある種の言い訳にも使われることも見ました。では、就活におけるコミュニケーションの意義は何なのでしょうか。

思い出して頂きたいのは、コミュニケーションは双方向の行為です。志願者の方も面接担当者から言葉の表面上だけでない情報が読み取れる訳です。言葉のリアリティーについても、双方向的であることに変わりはありません。会社というのは、英語のCompanyを日本語に訳したものですが、英語の元々の意味は「仲間」という意味です。お互いに認め合い、仲間として１つの集団を形づくれるかどうかが重要なのですから、志願者も面接担当者とそうした観点を持って接するべきでしょう。就活におけるコミュニケーションは、カンパニー（仲間）を探す「双方向」での試行錯誤であると捉えるべきです。

図表４－２　就活におけるコミュニケーション

- 言葉の表面だけが伝わるのではない。
- 言葉を支えるリアリティーを感じられるか、また、感じさせられるかが重要。
- 情報の内容自体と内容を伝えるスキルは別物。
- 情報は自分と相手の間で、双方向で伝わる。

3．自分の「本物化」

①適職やマッチングという罠

いわゆる就職対策本などには、役に立つことも多いとは思いますが、役立てる為には読み手の読み方の問題もあると思うのです。就活を取り巻く環境の項で説明した通り、体験に裏打ちされたものを、より相手にわかりやすく説得力を持って伝えていくことが重要なのであり、その両面が必要なことを理解せずに読むと、結果として大きな誤解を生むことになるでしょう。以下に特に就活に関して気をつけておきたいことに触れておきたいと思います。

まず、適職については多くの人が悩むものですが、何が自分に向いているかなど、そう簡単にわかるものではないのではないでしょうか。論語にも、朝に自分の天命といえ

るものを悟れたならば、夕刻には死んでも不本意ではないという趣旨のことが書かれています。

　天命を悟ることは簡単ではないし、悟らないままに死んでいく人も多いということを示したものと考えられます。また、運よく就職が決まった人も、入社3年以内に3割の人が退職しているという現実もあります。自分の適職は何かという哲学的ともいえる問題を、ワークシートに穴埋めをしていくだけで、わかると考えるのは止めましょう。

　少数の例外を除いて、自分の可能性や限界をいろいろ実社会で試してみる中で、自分自身で腑に落ちる着地点を探していくというのが、現実の人生であると考えられます。別の言い方をすれば、「選択肢を多くする」という言い方も絶対的に正しいように用いられがちですが、人は多くの選択肢に苦しむのもまた事実です。自分が選んだことを信じられずに他の選択肢がよく見えてくるのです。しかし、同じ会社でも、同じ職種でも、仕事のやり方は多様です。個々人で異なり得るのです。人は行動することからしか学ぶことはできないのです。このあたりは、第2章の「キャリアモデル」の部分でも触れているので再度参照されてください。

　もう1つ気をつけて頂きたいのは、一般的に就職先として有名企業を追いがちになる傾向が見られます。もちろん限られた情報の中で、有名な企業については情報が沢山ありますし、最近のネットを使用した就活の影響もあり自然な現象といえなくはないのですが、就職内定率が極めて悪くなっている中で、中小企業では人材が不足している企業が数多くあることもよく認識しておくべきです。中小企業でもオンリーワンの技術やノウハウ、ニッチ産業での活躍など、優れた企業は沢山あることを知るべきです。逆に大企業だからという理由だけで、今後の生活が安定していると考えるのは、もはや時代遅れに近い状況を迎えていることを多くの方は感じはじめているはずです。他人からの安直な承認を求めるのか、自らの充足感、幸福を追うのかを峻別していきましょう。

②自分探しを止める

　適職探しと同じように、「自分探し」にもあまり時間をかけるのは感心しないのです。探すより「作る」ことが必要なのです。何か気になる仕事があれば、それに必要な腕を磨くことです。シンプルに考えましょう。長い目で見て仮に適職でなかったと気づいても、懸命に努力した後には必ず何かを得ることができるものです。自分が進む道はこれではなかったと本当に気づいた時には、すでに正しく歩むべき道がうっすらと見えてきているはずなのです。そして、こうして「作ろう」と思って頑張っている人が「天命に気づく」チャンスに巡りあうのだと考えられます。この天命に気づくことを「思い出す」と考えている人々もいますが、いずれにせよその境地に達すれば、仕事と自らの

充足感、あるいは幸福感が一致してくることになるでしょう。

図表4－3　自分探しの罠

> 自分を探す　⇒　自分を作る
> ⇒　天命に気づく（思い出す）
> 行動なくして得られるものではない。

③多様性と個性

「自分を作るべき」という趣旨の説明をしましたが、では一体どのように作っていったらよいのでしょうか。まず、人は赤ちゃんとして生まれてきた時、我々の学習は周りの物事、親や他人のしぐさ、言葉を「まねる」ことからはじめたはずです。「学ぶ」は「まねぶ」のことであり、まず真似ることが学ぶことに繋がるのです。

スポーツや特に武道を習ったことのある方にはよくわかると思いますが、まず「型」というものがあります。決まり切った型を愚直に繰り返していくことで、実戦に備えていくのです。習いはじめたころは、型などは実戦には何の役にも立たないようにも思われて仕方ないのですが、やがて実戦で勝っては型の威力を知り、負けては型の習得の不十分さを知るようになっていきます。型の習熟はあらゆる場面に有効なのです。例えば、短歌の形式は決まっていますが、短歌で表現する内容は無限です。1つの形式の中で無限に表現できるのです。したがって、何か1つの型なり、形式を徹底的に身につけることを強くお進めしたいと思うのです。

このように書いてきますと、それでは個性を伸ばす方はどうなるのかと疑問に思われる方がおられるかも知れません。しかし、個性は始めから作ろうとして「作るもの」ではありません。それは「クセ」の一種に過ぎません。同じ型を練習しても練習しても、やがて個人個人で異なってくるのです。個性は結果的に「自ずと湧きでてくる」ものです。基本がないところの個性はクセに過ぎないことを自覚しておきたいものです。

④シンプルに考える

時々学生から、英語が好きなので英語を使った職業に就きたいと思うがどうしたらよいかというような質問を頂きます。そのような学生には、少し仲良くなってきた頃合いを見計らって、「英語を必死で勉強してください。」といっています。そのような学生に限って、英語の成績があまりよくなかったりするからです。英語が書けたり話せたりする人は沢山います。そんな中で英語を使って、人に役立ち、食べていこうとするのです

から、前提として英語の運用能力が高くなければ話になりません。英語を真剣に学ぶ中で、英語の「本物」に触れ、英語に関連する職業に携わる人脈にも近づいていくことができるのです。英語に限らず、自分の関心のある職業で活躍している方々に実際にお話しを聞いてみることです。そのようにする中で、その職業に近づいていくのです。なんでも基本は同じです。シンプルに考えましょう。

（参　考）武道と型

平成24年の御正月にNHKの海外向け番組で日本の武道を紹介したものが、国内向けにも8時間連続の特集で放映されたことがあります。剣道でも柔道でも空手でも弓道でも、「型」の重要性がよくわかる内容でした。特に圧巻だったのは、居合道です。居合道では真剣を用いるので、実戦形式の試合はありません。あるのは相手の動きを想定した型を演じることだけです。考えようによっては、実戦には全く不向きな武道のようにも思えます。しかしながら、本来が海外向けということもあったのでしょう、居合道の範士8段の達人がレポーター（空手道の猛者）相手に袋竹刀で実戦を戦ってみることになりました。結果は、範士8段の方はレポーターを全く寄せ付けませんでした。レポーターの手が竹刀にかかってから、範士8段の手が後追いで竹刀にかかるのですが、それでも結果は範士8段の完勝でした。また弓道の達人が弓道場で的に狙いをつけた後、道場の電気を消して真っ暗にしてから矢を放ち、電気をつけてみたら、矢はみごとに的の真ん中に当たっているというシーンもありました。

図表4－4　多様性と個性

○まず基本、基本となる形式、「型」の習得に注力すること。
○気になる職業については、実際に活躍している方にお話を聞くべき。
　　（聞けない場合には、せめて実際に自分の目で見てみる。近づいてみること。）
○個性は、基本の習得の後に、自ずとにじみ出てくるもの。

4．学生時代を力一杯過ごす

①試行錯誤する期間

多くの方が、大学生になられて一気に自由を感じたことと思います。授業は自らが選択するのですし、授業に対する取り組みも基本的には学生の側に任されていて、また講

義時間帯の設定も自由です。クラブ、サークル活動、アルバイトや仲間との付き合いも自由度が高まってきます。そんな自由な学校生活の中で、その自由を持て余しているように感じられる学生も少なくないように思えます。大学や短大、専門学校に入った目的が明確でない場合に、あるいは不本意な形で入学したような場合には、なおさらそんなことが起こるのではないでしょうか。

先にも書きましたが、一見自由に見えても、世間の承認や評価を得るということが一番に来てしまうと、自由は急に呪縛に変わっていくのではないでしょうか。世間の評価は後からついてくるものであって、何を持って他人や社会に役に立ち、貢献しようとするのか。その為には自分は何が向いているのだろうかと自らに問う過程を通らなければ、運よく就職しても、またその会社の中で自らの立ち位置に戸惑うことになるでしょう。また、その為の試行錯誤は、他人と交流する中での実体験を通じてしか得られないことはこれまでに何度も力を入れて説明した通りです。

②自分の本物化

学生時代に目指すべきは、自分の本物化です。ここでいう本物化とは、

１）まず自分の目標を定めることです。初めから大目標でなくてもよいのです。まずは、自らの感性を信じて、小さくてもよいので目標を立てることです（感性の高め方については、後半の実践編で詳しく説明してあります）。繰り返しますが、目標がないのにその手段を考えるというのは本末転倒です。試行錯誤していくうちに、自らにフィットするものが感じられてきます。まだ人生を通じての目標などでなくても構いません。そして、失敗してもよいのです。学生時代の失敗は貴重な体験となりますし、必ず取り戻すことができます。

２）次に価値について考えること。試行錯誤している間に、自らの価値観を見つめていくことです。人は何かに一生懸命になるということは、それに意義や価値を認めているからに違いありません。

３）能力を磨くこと。価値観や目標を少しずつ固めながら、その目標をやり遂げるだけの能力を磨いていくことになります。能力について少し考えておきたいのですが、能力は「価値ある能力」でなければ意味はありません。コミュニケーション力、学力、判断力、実行力、いろいろの能力はありますが、それらが社会にとって有益でなけらばなりません。例えば優秀な官僚の能力も、その能力が仮に国民全体の利益に奉仕されるのではなく、一部の既得権益を守る方向で発揮されたとすれば、それは官僚個人にとっては能力でも、社会にとっては凶器となるからです。したがって、能力も価値の問題と切り離すことはできないのです。

4）変化できること。「山猫」という映画で、生き残るのは力が強いものでも、頭がよいものでもなく、変わることのできるものであるという有名なセリフがありました。社会の変化に合わせて個人の行動も変えていくべきところも出てくるはずです。

5）変わるものと変わらないのもがあることに気づくこと。目的は価値の問題と共にありますが、同時に時代の変化に対応する必要性も書きました。この２つのことは矛盾するようでありますが、時代によって変わっていくものと、人間が人間である限り変わらない部分があり、重要なのはその差異を見分けることができるようになることです。

③行動の落し穴

もし大学に入って何も学問を学ばない。専門学校で専門知識を学ばないということであれば、そもそも学校へ入学した目的は何なのでしょうか。自らの専攻について真剣に取り組むというのは当たり前のことであると思います。まずこれは前提として考えましょう。しかし、もちろん学生時代の試行錯誤は、学問や専門知識を学ぶことだけではありません。特に就活に引き寄せて考えれば、アルバイトやインターンシップ、留学などに大きな比重を置く人も多いはずです。

しかしながら、学校をサボって空き時間があるのでアルバイトを暇つぶしでやるというのでは有意義というのは難しいでしょう。インターンシップも貴重な社会体験ではありますが、特に短期のものでは、受け入れ企業側も学生を御客さん扱いして、本当の現場の姿を感じることは難しい場合も多いようです。アルバイトやインターンシップは、学生が採用面接で最も多く語るテーマの１つでありますが、面接担当者からみると、少数の例外を除いて、話の内容自体にはあまり興味を感じません。むしろ、またその話かと思って食傷気味に聞いている場合が多いものです。また、留学も近年取り上げられることが多いのですが、例えば英語圏に結構長期に留学しても、ネイティブの友人がいなかったり、TOEICの点数が低かったりすると、留学で得たものに対して大きな疑問符がついてしまいます。

要するに、大学時代に取り組んだものとして面接担当者に話すだけの、自らの進歩や変化をリアリティーを持って示すことが重要なのです。面接担当者には、学生時代に頑張った学生は、会社に入っても頑張るだろうという単純な連想が働いています。面接では、自信を持って語るべきものがないということが、最も苦痛に感じられることなのです。したがって、日々の学生生活において何かに集中し没頭していくしかありません。

④行動範囲を広げる

大学生、専門学校時代に経験を積む場面は、非常に広いことに気づきましょう。正規

のクラブは学校内限定ですが、サークルなら他の学校のものにも入れますし、ゼミや専門教育の場では、比較的小人数で教育が行われるので、一生涯の友を得ることもあるでしょう。また、同学年だけでなく、先輩後輩の繋がりを持つことも、活動の範囲を広げることになります。

　また、学内だけでなく、アルバイト先、インターンシップ先で、積極的に社会人と交流をしましょう。アルバイトでも、そこで勤める社員と真剣に付き合えば、それこそ学校では得られない知見を得ることができるでしょう。アルバイトだから適当にというのでは、得るものもそれだけのもので終わります。社会人、それも性別や年齢が多様な形で幅広く交流することは難しくはありません。地域のサークルに入れてもらったり、自治会の行事に出たり、ボランティア活動を行ったり、方法はいくらでもあります。そのような場所で出会った社会人から、仕事の話、専門知識、苦労話を聞くことは、会社の公式見解ではない生の声であり、インターンシップでの経験に勝るかもしれません。学生の自由を活かして、積極的に性別、年齢を超えた交流を図っていくことで、自らの活動範囲を大きく広げていくことが可能となるのです。学生時代のアルバイトはそうした機会や自己投資に回す費用や機会を得るために行うべきではないでしょうか。

（参　考）憧れるということ

　自分の本物化といわれると、とても難しいと思ってしまう方もおられると思います。そんな方にお勧めしたいのが、「憧れる」ことです。英語を使う仕事に就きたいなら、多少お金がかかっても、国際会議などに出て、一流の同時通訳を聞いてみたらいかがでしょうか。少し背伸びして、まったく英語だけが飛び交うシンポジウムに参加して、そこでスピーカーの発言に耳を傾けてみるのもいいでしょう。少々わからなくても、何度も通っているうちに、自分の好きになる通訳者に会えるかも知れません。

　気づいた時には、そんな素敵な通訳者に憧れていた。そんな瞬間があなたを変えていくはずです。そうです。憧れるというのは、正確には憧れて「しまう」のです。

　気がついた時には、もう「憧れてしまっていた！」このような体験をするには、一流といわれる人々に会ってみることです。話を聞いてみることです。それもできなければ、「見に行く」のです。その為の費用を稼ぐ手段がアルバイトであれば、アルバイトは学生時代のあなたに無二の体験を与えてくれたことになるでしょう。

Column　若い世代が拓く新しい時代の幕開け

木南一志（会社経営者）

　未曾有の大災害からまもなく一年が過ぎようとしている。これから先も同じような災害が起こる可能性は大きいものになっていると報道されて、不安ばかりが募るように思えるが、実は底流では新しい時代が拓かれようとしている。江戸時代の末期、明治維新を起こそうとして革命をと叫んで農民が蜂起した訳ではない。長い鎖国政策の中で立派な政治が行われてきたわけではなく、原因を探ればいろいろなことが連鎖して結果的に維新につながったといえるのではないか。人間は明日のことだけではなく、今日の午後のことさえ予知することはできない。未来は誰にもわからないということは、今地球に生きている人類すべてにいえることである。毎日が朝からはじまり、日が暮れて終わることは幾世代ものあいだ変わったことがない。

　歴史を学ぶと人類は同じ悩みを持ちながら、進化を続けてきたようである。大自然はどれほど時間が過ぎようとも、西から朝日が昇ったことは一度もないし、地面から雨が降ったこともまずない。人間は毎日変わらない大自然から学び、変わっていく自分達の心をいろんな場面で悩み、苦しみ、もがきながら命をつないでいく。当然、喜びや楽しみもその中にあり、人生は一度きりで終わりとなる。人間が大声で叫んだから、新しい時代が生まれてきたわけではないことは誰もがわかっていることであるが、とはいっても、明治維新の立役者は吉田松陰や西郷隆盛、坂本竜馬などをはじめとする志士たちが、この国を欧米に負けない立派な国として建て直すために、ひとつしかない命を懸けて全国を飛び歩き、仲間を募り、時の政権をバトンタッチするためにいろいろな議論や策略を使いながら、戦争による武力制圧ではない形で成し遂げていったのである。

　見えない不安の中で、新しい時代の幕開けがもうはじまっている。目に見えてくるのはまだこれからで、ちょうど歴史でいうならペリーの黒船が現れた頃といえるかもしれない。振り返って考えてみると、そういえばあの頃だったとわかるのだが、時代の真っ只中にいる私たちには実感としてわからないものである。ちょうど竜馬がそうだったように…。

　いつの時代も切り拓いていくのは若い世代の仕事である。なぜなら、心の純度が高いからなのである。大人になると、成功、失敗の経験を通じて世の中を渡る方法というものが身についてくる。右をとるか左をとるか。その時に考えるのは、自分にとって損か得かという打算的な判断になってしまい、途中で折れてしまうのである。若さには力もあるが、肉体的なものはさほど問題にはならない。大切なことは精神的なものである。どこまで真剣にこの国のことを考えていたかが、京都霊山護国神社にある明治維新を成し遂げた志士たちの墓前に立つとよくわかる。「赤心（せきしん）」という心の状態がどんなものであるかは、自分で感じ取ることでしかわからない。今の時代の"鬱（うつ）"などの状態では、実行することができないことだけはハッキリといえる。しかし、あの時代でも明日のことは誰にもわからず、それ以上に物事を確かめる術も現代のような携帯電話やインターネットなど、ましてや自動車、新幹線などまったくないのである。あ

るのは自分の目と耳、手と足。痛む足を引きずりながら、歩き、時に走りながら、竜馬たちは何を考えただろうか。

　同じ条件で、今を生きている私たちは便利な社会でありながら、何を考え、何を実行しようとしているのか。懸命に考えた時に答えが出る。それぞれの顔が違うように、人間には一人ずつ天から手紙を与えられていると偉大な教育者　森信三先生は説かれている。

　その手紙を開くこともせずに死んでいく人のいかに多いことか。自分だけに与えられた役割、それこそが自分のただ一度の人生を輝かせる力となるのだ。手紙の封を開き、書いてあることを一日でも早く体得できた者には、可能性が大きく開かれていく。

　自分は何のためにこの世に生まれてきたのか。何をするために…。

　竜馬が悩んだ一節である。

　単に食うために仕事をするわけではない。金を貯める。家族を養う。確かに大切なことであろう。しかし、あなたはそんなことをするために生まれてきたのか？　それだけのために学校で学び、友と出会い、時間を過ごしてきたのか？　やるべきことがあるはずである。自分だけの役割を探し出すことが、ただ一度の人生を価値高く生きることにつながる。

　竜馬と同じように、手や足を持つあなたにも赤心がある。しかし、まだ感じたこともないはずである。新しい時代を切り拓く力は、その赤心からしか出ない。自分の都合で考えるのではなく、世の中の情勢に阿（おもね）るのでもなく、正正堂堂と進んでいける大きな力を得ることができれば、あなたが世の中を変えていくのだ。

　若い力がなぜ必要か。春になると木々が芽吹きはじめる。新芽は柔らかい。熟成された硬い葉よりも柔らかい若葉こそ、波風を乗り越えて行くことができる唯一の条件である。できることなら、柳の葉のように、風が吹いた時には流されても、止んだら元に戻るしなやかさを持って進んでいただきたい。何度風が吹こうが、台風や災害に見舞われようが元に戻って歩んでいこう。決して明けない夜はなく、真っ暗なところから夜明けがはじまるのである。

　未来を変えていく君たちに心より賛辞を贈り、弥栄を願う。日本をよろしく。

第2部
実　践　編

第 5 章　自己の深化と安定化（自律訓練法、内観法を学ぶ）
第 6 章　傾　　聴
第 7 章　話す（日常会話、自己紹介、就職面接）
第 8 章　プレゼンテーション
第 9 章　交流分析
第 10 章　コーチング
第 11 章　グループディスカッション

第 5 章
自己の深化と安定化
（自律訓練法、内観法を学ぶ）

> **ねらい**
> 1. 自らを肯定的に捉えられることが、他人を受け入れることや、他人との良好なコミュニケーションの前提であることを再確認する。
> 2. 日常生活を送るうえでのストレスをどのようにコントロールし、自らのメンタルヘルスの向上につなげていくかを考える。
> 3. メンタルヘルスを保つ技法の1つとして自律訓練法を学び、実際に行ってみる。
> 4. 内観を学ぶことで、自らの不完全性や他者への依存性に改めて気づき、内発的な感謝の念に想いを馳せる。
> 5. 内観を通じて自らの特性に気づき、また人間としてのキャパシティー（受容性）を高め、自己の安定化に繋げていく。

1．はじめに

　私達は一人で生きているのではなく、他の人々と社会やコミュニティーを構成しながら生きています。そこでは、自らを肯定的に受け入れられることが、他人を受け入れられることにつながり、他人とのコミュニケーションの前提であることは既に学びました。

　しかし、社会で日常生活を送る時に、私達はいろいろなストレスを感じます。それを避けることはおそらく誰にもできません。私達ができるのは、そのようなストレスと上手に付き合い、心の安定性を失わないようにメンタルヘルス（心の健全性）を保つように心がけることです。本章では、その1つの手法として自律訓練法の基礎を学びます。自律訓練法はその歴史も長く、その効用も広く認められています。また、一人でも多人数でもできることから、学校や職場で実施することも十分に可能といえるでしょう。

　他方で、自分を肯定的に受け入れるということは、自分や周囲、社会の抱える問題を覆い隠して無理やりに肯定するということでは決してありません。まず自分自身の不完全性や他者への依存性に改めて気づくことによって、他者への感謝の念が感じられてき

ます。そして、不完全な自己ではありますが、他者への感謝を感じ、その幾分かでも社会に返していこうという想いを持った時に、そんな自分を肯定的に受け入れられ、社会もよい方向に変えていけるような原動力を得られることになるのだと考えられるのです。就職面接を前にしてあたふたと、自己の適職を考えるというのではなく、一度深く自分の中に沈潜し、自分の内発的な感情に気づいていくことが大切です。本章では、その1つの方法として内観法を取り上げて説明致します。

　自律訓練法や、特に内観法は指導者について行うことが望ましいので、自分に合わないと感じた時には、あまり無理をせずに専門家のアドバイスをもらいましょう。

2．自律訓練法

①自律訓練法とは

　自律訓練法は、生理的な変化が心の変化と密接な関係にあることに着目して、五感で感じる緊張を和らげることによって、脳の興奮を静めて精神的な安定を得ようとする技法で、ドイツの精神科医シュルツ（Schultz, J. H.）によって完成されました。静かな音楽を聴いたり、温泉にゆっくりつかったりした時に、私達は自然と緊張がほぐれるものです。逆にいえば、生理的に弛緩しながら精神的には緊張するということは難しい訳で、そのような相互作用を利用するのです。自律訓練法にはいろいろと種類があるのですが、本章では広く用いられている標準訓練法を説明します。

②自律訓練法の特徴

　自律訓練法を行うと、生理的には心拍数の減少や末梢での血流量の増加、皮膚温度の上昇などが見られ、心理的には特定の努力や集中などすることなしに、さりげなく注意を集中できる状態である「受動的注意集中」の状態に達することができるのです。この状態は部分的な自意識の後退であり、自我の休息や機能回復に役立つとされています。この状態の時に肯定的な暗示を入れて行くような応用手法もありますが、本章は基礎部分の解説ですのでその応用部分は扱いません。

③実施の準備

　適度な明るさと室温のある静かな部屋で行うことが望ましいです。余り身体を締めつけない服装でゆったりと椅子に座ります。ベルトやネクタイなどは緩め、時計などもできれば外しておいた方がよいでしょう。満腹時や空腹時は避け、トイレなども済ませておき携帯電話なども切っておいてください。また、目はつぶった方が集中できるのな

ら、つぶった方がよいですし、不安になるようなら目はつぶらなくても構いません。とにかくリラックスできる姿勢を取ることが肝心です（慣れてくるとあまり厳格に気を遣う必要はなく、通勤電車の中等でもできるようになってきます）。

④実施手順と注意点
- 以下の公式を呼吸に合わせて心の中で5回～10回繰り返します。
- 公式の間には以下の基本公式を時々、心の中で適度に呟きます。
    - → 基本公式「気持ちがとても落ちついている。」
- 第1公式からはじめます。必ずすべての公式を行う必要はありませんが、先行する公式から順にやるようにしてください。疾患があったり具合が悪い場合は関係する公式は除外します。
    - → 第2公式を行う際には先に第1公式をやる。また、第3公式をやる場合は先に第1公式と第2公式をやるという風に、先行する公式はその順番でやるようにします。
- すべてが終了するのに一回あたり、3分から5分で構いません。
- 訓練を終える時には、立ちくらみや頭が重くなるようなことを防ぐ為に、以下のような「消去動作」を必ず行ってください。

    - ▶両手を握り、少し力を入れて指を5～6回開閉する。
    - ▶大きく深呼吸する。
    - ▶大きく背伸びをする。

- 調子が悪い部分が公式に含まれる場合は、その公式は使わない。
    そもそも体調が悪い場合には行いませんが、例えば部分的に心臓が少し悪いという人は、胸の部分をイメージする第3公式は使わないようにしましょう。
- 基本公式と合わせて第1公式と第2公式を行うだけでも、効果はあるので、簡易に行う場合はそれだけでも十分といえます。

⑤自律訓練法の公式
第1公式：「両腕、両足が重たい」
　四股をリラックスさせる公式です。利き手、利き足の方からはじめましょう。
　　（例：右手→左手→両腕→右足→左足→両足→両腕両足）
第2公式：「両腕、両足が暖かい」

末梢血管の拡張をして、四肢の温感を高めます。

第3公式：「心臓が静かに脈打っている」
　心臓の規則正しい動きを確認する訓練ですが、心臓疾患のある人は行わないようにしましょう。

第4公式：「自然に息をしている」
　この公式の段階では呼吸は落ち着いていると思われますが、気管支や呼吸器系の疾患を持っている人は行わないようにしましょう。

第5公式：「お腹が温かい」
　消化器をはじめ内臓機能の調整を目的としたものですが、胃潰瘍や消化器系の疾患、糖尿病、妊娠中の人は行わないようにしましょう。

第6公式：「額が心地よく涼しい」
　内的な覚醒状況をつくるための公式ですが、脳波に異常のある人は行わないようにしましょう。

図表5－1　自律訓練法の公式
（※本文の表現と微妙に変えてありますが、各自で練習がやりやすい方を使って頂ければ結構です）

基本公式 （下の公式の間に適宜使用）	「気持ちがとても落ち着いている。」
第1公式（四肢重感練習）	「手足が重たーい」
第2公式（四肢温感練習）	「手足が温かーい」
第3公式（心臓調整練習）	「心臓が静かに脈打っている」
第4公式（呼吸調整練習）	「呼吸が楽ーにできる」
第5公式（腹部温感練習）	「お腹が温かーい」
第6公式（額部冷涼感練習）	「額が涼しーい」

3．内観法（プチ内観）

①内観法の歴史とその応用について

　内観法は浄土真宗に伝わる「身調べ」を元に、実業家の吉本伊信がその宗教色をしだいに取り去りながら作った日本独自の内観療法からはじまります。現在では「内観法」として世界的な広がりを見せています。内観法は本来、指導者（セラピスト）について

一週間程度の期間に渡って内観を集中的に行う集中内観と、主に集中内観を終えた後に、日常的に簡略化した形で行われる日常内観に分けられます。本章では内観の持つ本来の意義を失わないようにしながらも、本格的な内観には専門家の指導が不可欠であり、それなしには副作用が起こることも考えられるので、学校や職場、あるいは自分単独で行えるように平明化した「プチ内観（体験内観）」の実習することを目指します。プチ内観でも、回数を重ねたり、質を高めていけば、それなりに大きな効果が得られるものと考えます。

②内観法の内容

私達は生まれて生きて行くうえで、様々な困った問題に出合ったり、トラブルに巻き込まれたりすることがありますが、直接的にではないにしても「自分だけがよければよい」というような自分至上主義（エゴイズム）のぶつかり合いが原因にあることが多いのではないでしょうか。人間関係だけでなく、社会的に見ても「自分の会社だけが儲かればよい」というような考えから起こる争いも多いでしょう。そのような中で、私達は自らがエゴイズムの虜となってしまったり、エゴイズムに毒された人によって辛い目にあったりします。しかし、この世の中にはそのような否定的なことだけではなく、私達は実は多くの他人の支えで生きているものであり、内観法はまずそのことに気づき、それに気づくことで自分自信を内発的に変えていこうとするのです。

内観法は「世話になったこと」、「して返したこと」、「迷惑をかけたこと」の３つのテーマについて思い出していくことが中心になります。その際に３つの観点が重要になってきます。まず人生での貸し借りのバランスシートを調べることです。過去をよく思い出して正確なバランスシートを作りますと、自分には「借り」が多いことがわかってきます。貸したことだけで頭が一杯になっている人は、傲慢で感謝の気持ちがなく、常に満たされません。内観はまず、このような思考パターンを打ち壊そうとします。

第２点目は、内省的な思考様式を養う観点です。相手はともかく、自分自身がどうであったかを考えるのです。何故なら、相手を変えることは自分を変えることより難しいからです。相手の非は非としてわかりながらも、自分自身に非はなかったかと内省しますから、自分の問題が明らかになります。そして、自分と相手を客観的に捉えられるようになっていくのです。

第３点は、共感的な思考様式を養うことです。迷惑をかけたことを考えることで、相手の立場に立って考えることができるようになることです。社会でおきるトラブルも相手の痛みを思いやれないことが原因になっていることが多くはないでしょうか。相手の立場に立つということは、自分の心の中を探る以上の優れた想像力が必要です。相手

の痛みを自分の痛みとして感じることは難しいことですし、私たちはそのことから逃げているのかも知れません。

　このように「思い出す」ことは自己像や他者像を大きく変化させるきっかけになります。過去の本当の姿を丁寧に調べて、今まで感じていた記憶を修正することが内観です。内観の対象とする相手は、自らの生育歴に大きな影響を持った身近な人、通常は母や父からはじめていきます。自分がどれだけ母親をはじめ、いろいろな人にお世話になってきたかを思い出すことで、悪かったという懺悔の気持ちと、支えてくれた人への感謝の気持ちが湧いてきます。依存の自覚と懺悔の心を得てこそ、逆説的ですが自らが安定し、自由になることに繋がっていくのです。

　つまり懺悔の心は感謝の気持ちと共にあり、「世話になったことが一杯あるのに、自分は迷惑ばかりかけていた」という事実に気づき、「自分は愛されていたのに申し訳ないことをした。これからは自分も相手を愛し、少しでも役に立つことをしてあげよう。」という気持ちや行動に繋がっていくことを可能にします。「健全な懺悔」は「感謝の心と共にある」はずなのです。だから肯定的な自分を取り戻せるのです。ここが極めて重要な点です。

　内観は幸福になるスイッチをクリックすることです。不幸な状態の人は、不平不満、満たされなかったことなど、否定的な記憶ばかり思い出します。これに対して内観で思い出すことは、全体として肯定的な記憶を呼び起こすものといえます。内観は幸福になる記憶をクリックする練習なのです。

③内観の注意点

　過去を思い出す中で、困った時に誰も助けてくれなかったこともあったかも知れません。しかし、その時は自分には助けてもらえない理由があったのかも知れません。また、世間の厳しさを教えてくれたのかもしれません。しかし、どんな人でも過去に他人から何の助けも受けなかった人はいないのです。逆にだからこそ感謝の気持ちが芽生えるのではないでしょうか。他人が「いつでも誰でもどこででも」助けてくれるなら、そもそも私達は感謝という気持ちを知らないでしょう。そんなことも頭の隅に置いておいてください。

　内観をする時には、相手のことより自分のことに重点を置くようにしてください。相手の性格や感情でなく、相手に対して自分がどうであったかを思い出すのです。また、内観は事実を思い出すのですが、単に事実を思い出すのではなく、その事実と共にあった驚きや悲しみや喜びの感情にも気づくことで更に大きな意味が出てきます。

　内観をするに当たって、様々な抵抗を感じる方も少なくないのではないかと思いま

す。まず、今まで説明をしてきた中で、内観は何かしら強要しているように感じた人がいるかもしれません。しかし、内観は感謝を強要するものではありません。感謝したことを探すという態度は逆効果です。あくまで事実を探すのです。丁寧に事実を思い出すことが大切なのです。

　また、自分自身の過去の姿を直視することや、直視した結果として自分が変わってしまうのではないかという恐れのような抵抗を感じる方もいるかもしれません。このような抵抗が強いと内観は進みません。逆に、変わりたくないという、今の自分への強烈な執着が生まれてくるのです。

　実はこうした様々な抵抗感は大なり小なり多くの人が感じることなのです。このような抵抗感を個人個人がどのように扱うかが内観の成否を決めるといっても過言ではありません。抵抗感があるのは当たり前、直面するのが少し怖い気がするのも当たり前です。少しずつ進めてみればいかがでしょうか。

　最後に、過去の自分と直面して行く時に、感情が高ぶって思わず涙してしまうようなことも起こるかもしれません。しかし、その感動や涙が一過性のものに留まっては意味がありません。自分自身に対する憐れみや懺悔だけでは、まだ自分本位の考え方が抜けていません。相手の寂しさや悲しみに気づいて流す涙こそが、私達をこれまでとは違った感情や行動にいざなっていくのです。

④プチ内観（体験内観）の勧め

　集中内観は専門家の下で行うもので、時間や費用などのコストもかかります。また気まじめで熱心過ぎるような人の場合、内観中にパニック症状を起こすようなリスクもあります。したがって本章では自分で自分自身の内観したことを紙に書き留めて確かめていく記録内観の一種で、入門的にできる平易なプチ内観（体験内観）をトレーニングのところに書いておきましたので、やってみることをお勧めしたいと思います。一人で行うプチ内観が合わない人は、専門家について集中内観を受けてみることがよいかも知れません。

トレーニング　実際にやってみよう！

1. **自律訓練法**
   - 自律訓練法は初期段階では、心理的に静かな環境の中で練習するのがよいですが、練習の最終目的としては、いつでもどこでもできるようになることであり、日常のストレスをコントロールしていくことです。

- 自室、学校、職場の中で静かにいられる場所を選びます。
- ゆったりと椅子に腰をかけます（寝転ぶ姿勢は、本当に寝てしまうといけませんので、教室などでは避けてください）。本文で説明したようにリラックスできる体勢を取ります。
- 基本公式と第1公式と第2公式を使った練習を2～3分で行ってください。
- 練習を終える時には消去動作を必ず行ってください。
- 行ってみた感想をグループで話し合ってみてください。
- 日常的な場面で、短時間でもやってみて、その感覚を自分自身で見つめてみてください。

2．プチ内観（体験内観）
- 就職の時期になると、自分史を作ったり、面接対策本の中のワークシートを埋めたりする作業に忙しい学生がいます。それも悪くはありませんが、一旦ゆっくり立ち止まって、自分の過去や心の中をゆっくり内観で棚卸してみることをお勧めします。そこからきっと自分の寄って立つべき、新しい価値感が生まれてくるものと思います。
- ここでは本格的な内観に挑戦する前に、ちょっと内観の雰囲気を味わってみる「プチ内観」に挑戦です。

＜プチ内観　練習＞
①母（あるいは母代わりの人）に対する自分を調べてみましょう。
②・生まれてから幼稚園の時まで
　　・小学生の時
　　・中学生の時
　　・高校生の時
　　・大学生の時
③調べる内容は
　　・母にして頂いたこと
　　・母にしてあげたこと
　　・母に迷惑をかけたこと
　　　→調べた内容を自分で紙に記録していきます。
④できれば更に③で調べたことに基づいて、両親（あるいはそれに代わる人）がどれくらいのお金と時間を使ったかを調べてみましょう。

⑤体験ですので、内観する時間は人それぞれでよいのですが、当然にあまりにも時間が短いと深く内観できません。少なくともお風呂上がりなどのさっぱりした後に、1～2時間かけて頂きたいものです。集中内観では長時間ぶっ続けで行うこともあるのですが、指導者がおらずにリスクもある為に、最初はあまり長時間行うのは避けてください。

⑥紙に書きとめたものを学校で先生に見て頂くとか、感想をグループで話しあってみてください。

⑦プチ内観は1回では、抵抗感などの為にあまり効果がありません。最低2回目も挑戦してみてください。1回目より2回目の方がはるかに深く内観できることと思います。

⑧そして自ら得た気づきも紙に書いておき、調べた内容とともに保存しておき、また、思い出した時にそれを見直してみてください。

Column　日本の伝統的な修行法に学ぶ

岩波　薫（大学非常勤講師）

　私達日本人が、伝統的な修行法と聞くと、たとえ実際には習ったことがなくとも、具体的なイメージが浮かんでくるのではないでしょうか。「修行」という言葉には、何か身体的な鍛錬とともに、人間の精神を磨くとか、人格を向上させるといったニュアンスが含まれているように多くの人は感じると思います。ここでは、身体と心は一体不可分にとられえられているように思います。私達日本人にとっては、こうした考え方は古くから伝えられてきたことですから、身体の訓練は心（精神）の訓練を意味するといっても比較的理解しやすいことではないかと思います。

　世の中は何となく閉塞感に囚われて、新たな価値観や創造性が求められている昨今、心と身体を一体に捉えて行くということは大きな意味を持つような気が致します。しかし、今までは心と体を分離する心身二元論の考え方が、デカルトなどによって完成され近代合理主義として重んじられてきました。合理主義が物事を分析的に見る方法を我々に与え、その結果科学が発展してきたことは事実です。しかし、同時にそのような心と体、精神と物質を分ける考え方が行き過ぎますと、心と体が分裂し制御できないような事態も起こってくるのではないでしょうか。

　このような中で、禅や瞑想など伝統的な修法は、意識の表面に働いている抑制力を弱め、その下に隠れている無意識のエネルギーを活発にする訓練といえるでしょう。これは本書でも説明した自律訓練法や、他の多くの心理療法などにも通底している考え方のように思われます。心理療法は意識と無意識の間に生じたズレを元に戻していくことを目指しているように思われますが、伝統的な修行は、更にそれらを統合する力を強めようとしているようにも考えらえます。古くより伝わっている「型」を何回も繰り返して行くうちに、意識しないでも、身体で覚えた動作が自然と行える「心身一如」の状態を、積極的に目指していくということでしょう。

　もちろん、心身一如といっても何らかの陶酔状態が悪用されてはいけませんし、合理的精神を失って、科学の進歩とは別の世界で生活する訳にもいきません。かつても、二元論の超克を唱えて、ライプニッツやスピノザ、マルクスなどが一元論を唱えましたが、性急な一元論はあまり成功しているようにも思えません。少なくとも私達は、どちらが絶対ということではなくて、心と身体は密接に関連しているという相対的・双方向的な視点だけは持っておくべきと考えられます。

　本書では理論や考え方だけでなく、様々なトレーニングや、滝行なども含めて伝統的な修行についても触れていますので、実際に自ら体験、実践しながら、考えることだけでなく、「感じる」ことの重要性を体験できれば素晴らしいことと思います。

第6章
傾　　聴

> **ねらい**
> 1. 相手とのコミュニケーションは、まず聴くことから始まる。「聴く」とは、心を込めて耳を傾ける、そして相手の心に寄り添うことまでを含むことについて理解し、日常生活の中で心掛けていく。
> 2. その為には、好嫌や正邪の判断を一旦棚上げする為の、もう一人の自己を作る必要があることについて理解する。
> 3. また、コミュニケーションの深化はラポール（信頼関係）を築くことができるかどうかにかかっていることに気づく。
> 4. 傾聴は表面上は受身の姿勢のようにも思われるが、極めて積極的な作用をもたらす可能性を理解し、実際に行動してみる。

1．はじめに

　コミュニケーションの意義や全体像、また理論的な面は第2章を参照頂きたいと思いますが、本章で扱う内容は他者とのコミュニケーション、それも相手から話を聞くということに焦点を当てていきます。まずは、相手の話を上手く聞けてこそ、相手とかみ合った話ができるのです。本章の目的は、自分も相手もリラックスして、自由に感情も含めた情報交換ができるような関係をつくることです。そのようなコミュニケーションを取るに必要な信頼関係を「ラポール」と呼んでいますが、その為には上手に聞くということが、大きな効果を発揮することをまず理解して頂きたいと思います。相手に対して、心を開き、心を寄せて、聴くことを特に「傾聴」と呼びますが、その考え方の本質をロジャーズの理論を用いて説明し、具体的な手法については、それに加えてNLPの手法について解説致します。実際的なテクニックについても触れていますので、日常生活の中で試し、実際に応用して行って頂きたいと思います。

2．傾聴の考え方

①クライアント（相手方）中心の考え方

　傾聴の意義やその効果については、米国の心理学者であるカール・ロジャーズの理論がよく知られています。ロジャーズ（Rogers, C. R.）は彼の「クライアント中心療法」として知られる理論に基づき、心理カウンセリングの実践においても活躍し、その技法は現在でも多くの支持を集めています。彼の理論は、「心理療法」が必要な場面に限られたものではなく、日常のコミュニケーションの向上にも十分に応用できる部分を含んでいます。本章では心理的な問題の解決というカウンセリングの領域に属する部分については参考程度に留めて、傾聴する部分に焦点を当ててお伝えしたいと思います。

　ロジャーズの理論を極く簡単にまとめれば、心理的な問題を抱えている人は、実はその問題についての解決方法を自分の中に持っており、潜在的には意識されている場合が多いことに着目します。しかしながら、悩みを抱える個人は、その悩みや悩みに至った経緯について、誰か他の人にわかって欲しい、受け入れて欲しいという気持ちも同時に強く持っているとするのです。したがって、そのような相手の気持ちに立って、相手の事情や感情を「受け入れる」ことがコミュニケーションの改善や問題解決にとって大きな効果をもたらすと考えるのです。

②相手に傾聴で向かい合う時の態度

　ロジャーズの唱えた理論で、実際に相手の話を傾聴するときの態度で重要な条件は、**１）無条件の肯定的関心、２）共感的理解、３）自己一致**の３つに要約されます。前提として、これらの３つの条件には通底する信念が存在します。それはすべての人間に対して、「命は分け与えられていること」の自覚と信頼と持つということです。

　そしてまず、１番目の無条件の肯定的関心についてですが、無条件のというのは、正邪の判断をしたり、選ばないということです。つまり、自分の価値観に従って、相手のいうことのここは重要だとか、ここの部分は聞き流そうなどと決めつけないことです。どの部分にもきちんとした意識を向けて応対していくということです。たとえ相手が常識的には不適切と考えられるような話をする時にも、罪を憎んで人を憎まずのような態度を保つことです。

　２番目の共感的理解は、相手の事情や感情を、その微妙なニュアンスに至るまで、あたかもその人自身になったかのような姿勢で捉えていくことです。相手の話の言外の意味や感情にも注意を払いながら、相手が伝えんとしていることを、丁寧に確かめつつ共

に歩んでいく、相手の感情をありのままに受け入れるということです。

3番目の自己一致とは、聴き手である自己の安定性にも関連するのですが、相手の話を心を空にして聞く態度と、相手の話を聞いている自分自身の心の動きを冷静に見つめるという態度を同時に取ることを意味します。相手の話を傾聴するには、やはり原点に戻って、自らの心の安定性、もっといえば、自らの持っている価値観の安定性が求められることになるのです。

またロジャーズの理論では、一旦、相手のすべてを受け入れることが重要であると考えられており、相手とのやり取りの中で、何々せねばならないというような指示的な応対は好ましくなく、非指示的な4つの原則（下図参照）に従うことになります。

また、これらの条件や原則は、傾聴にはそれらが不可欠という意味で、必要条件なのであり、これさえできれば、傾聴が上手くいくという十分条件ではありません。傾聴には、後述するような実際的なテクニックも身につけていく必要があります。

図表6-1　傾聴の3つの条件

態　度	内　容
無条件の肯定的関心	相手のここがよいとか、この点が悪いとかいうような条件付きの理解ではなく、相手のすべての側面を条件をつけずに理解していく態度。
共感的理解	相手の心の世界をあたかも自分自身のことであるかのように、感じ取ること。
自己一致	相手の話を心を開いて聴くという態度と、自分自身の中で起こる反応を冷静に見つめるという2つの態度を同時に満たすこと。

図表6-2　非指示的応対の原則
（※ラポールの形成までの段階を扱うので、ロジャーズの原則を一部修正）

1．相手自身の状況適応に向かう欲求に信頼を置く。
2．相手の感情的側面を見逃さない。
3．相手の過去よりも、直接の現在の状況を重視する。
4．会話は相手も自分も共に成長する機会であると捉える。

3．心理療法ベースの傾聴技法

　まずは一旦、相手を全面的に受け入れて、相手がリラックスして会話できるような状況をつくり、次にそこで出来上がったコミュニケーションに関する信頼関係を強固なものにしていこうとするのが傾聴の最初の目的です。まず、この段階では、1）相手の言うことを正確に理解する。2）理解したことを相手にフィードバックする。3）フィードバックを繰り返すことで、ラポールを強化していくことが重要となります。この段階で使う技法としては、明確化、感情反映、言い換え、要約などが用いられます。ただ、これらの技法は、やはり心理療法理論がベースにありますから、一般の日常会話で使うには、**治療的な（問題を解決しようとするような）ニュアンスは消しておく必要**があることに注意してください。もちろん、人の悩みの相談を受ける時や、愚痴を聞くといった場合は、そのまま有効な場合も多いでしょう（更に日常一般的な傾聴の技法は後述します）。

①明確化

　これはあいまいな発言をはっきりさせる技法で、相手の意志や感情を正確に掴むために行うものです。具体的には次のような言い回しが使われます。
- 「～とおっしゃっているのでしょうか？」
- 「つまり思ったことは～ということでしょうか？」
- 「～についてもう少し教えてもらえませんか？」

②感情反映

　会話の中の言葉だけでなく、背後にある感情を掴もうとすることです。相手の言葉の情動（感情）面に焦点を当てて、それをフィードバックする技法です。具体的な表現としては以下の言い回しなどが使われます。
- 「～と感じるのですね」
- 「今のお気持ちは～ですね。」

　ただし、相手の感情をフィードバックするには、性急さは禁物です。じっくり相手の話を聞いてから、フィードバックするのでないと、相手の信頼を損なうことに繋がりかねません（短い相づちや真剣に受け取っているという表情を示す方が有効な場合もあります）。

③言い換え

相手の感情以外の、出来事やそれに対する思考や判断に注意を向ける技法です。発言内容の中から、核心となると思われる事実や状況を把握して、別の言葉で言い換えるのです。相手の価値観や問題の重要点を明確にしたり、相手の思考と感情の区別を把握することにも使えます。具体的には以下のような言い回しなどが使われます。

- 「何が起こったかというと〜」
- 「言い換えると〜ということですね」
- 「おっしゃっているのは〜ですね」

このように言い換えは、相手の感情以外の情報について、「意訳」をすることに例えられるでしょう。

④要　約

これは複雑な発言を文字通り要約することです。要約は相手の発言を簡略にまとめることによって、自らの理解の整理と、相手への確認、また会話する双方の主体の理解を共有することに繋がるものです。具体的には、以下のような言い回しなどが用いられます。

- 「まとめて言うと〜」
- 「ちょっと整理してみると〜」
- 「話されていることは〜」

図表６−３　（心理療法ベースでラポール形成までの）傾聴技法

明確化	あいまいな内容をはっきりさせる。
感情反映	感情に焦点を当てる。
言い換え	感情以外の事柄を意訳する。
要　約	複雑な発言を整理し、相手と共有する。

（参　考）カウンセリングの技法

本書では深く立ち入ることをしませんが、傾聴がカウンセリングの領域に入ってくると以下のような技法を使いながら、相手（クライアント）に問題を明確化させたり、時には自己内部での矛盾に気づかせて、対決を迫ったり、あるいは事実の意味づけを変えていくような会話を行っていきます。

探　索	新しい情報や詳細を求めて質疑する
矛盾提示	言動や意志表現の矛盾を指摘する
解　釈	行動の全体像や背景を提示する
情報提供	必要な情報、有益な情報を提供する
リフレーミング	発言内容に新たな解釈の枠組みを与える
語調反復	発言の語調に焦点を当てる
自己開示	自分の経験や経歴について話す
反　復	相手の発言を繰り返し、相手の反応を見る
沈　黙	沈黙によって、自分または相手に考える時間を与える

4．NLP ベースの傾聴技法

　NLP とは Neuro-Linguistic Programming の頭文字をとったもので、日本では神経言語プログラミングと訳されています。NLP も最初は治療的なアプローチから発展してきたものですが、現在ではコミュニケーション全般に関わる「ツール」としての面が強調されてきています。そして NLP は先に見たロジャーズの理論体系とは違う独自の体系ではありますが、傾聴やラポールを重視する点ではロジャーズの理論とも共通しています。ここでは日常的な場面で応用範囲の広い NLP の傾聴の技法について学んでいきます。NLP は実践を重視する立場に立っており、学習のプロセスを学習する前のレベルである「無意識的にできない」ことから、「意識的にできない」、そして「意識的にできる」を経て、最終的には「無意識的にできる」レベルに到達することを目指していきます。無意識的にできるまで、繰り返しトレーニングを積んでいくことが大切です。

①キャリブレーション
　私達のコミュニケーションにとって、言葉だけでない非言語で伝わる情報の重要性は何度も指摘しました。したがって、コミュニケーションでは相手が発している全情報について注意を払っていく必要があります。その為には相手をよく観察する必要がありますが、それを NLP ではキャリブレーションと呼び、できるだけ五感すべてを動員していくことを重視します。
　相手の話している内容はもちろんのこと、相手の姿勢、視線の動き、ジェスチャー、声のトーン、息遣い、間合い、時には相手と握手した時などの触れた際の感覚、近づい

た時の香りなどまでもが加わります。このようにあらゆる情報から、相手の言いたいこと、感じていることを読み取っていこうとするのです。まずは、言葉以外の情報もよく掴もうとする姿勢を持ちましょう。

②ペーシング

人は自分と似ているものに親近感を持つものです。ですから、相手に似ていると感じさせるように姿勢や態度を話し方と合せていくと、相手は安心するのです。このことをペーシングと呼びます。小さな子供と話す時には、相手の視線に合うようにかがみ込んで話しますし、子供がよく使うようなやさしい表現を使うはずですね。それと同じことです。

具体的には、1）相手の姿勢や手足の位置、2）相手の動作、3）話し方や声の出し方、4）呼吸、5）例えの作り方などの特徴（表象システム）、6）言葉、7）価値観や信念、8）感情の起伏、9）話の内容などについて、相手の話す文脈を感じながら、合せていくのです。相手が手を組んだら、自分も手を組んでみるというように相手のしぐさを真似てみることを特にミラーリングと呼ぶ場合があります。

③バックトラッキング

相手のマネをすることで、相手が安心感を持つようにしていくことです。バックトラックとは、相手の発言や語尾やキーワードをそのまま繰り返して、相手に返すことです。もちろん、しつこかったり、物まねをしていると受け取られるような作為を感じさせないように、自然に行うことが必要です。あまり頻繁になるような場合は、相手の話す文脈を整理する意味でも、要約を入れることもよいでしょう。

- 今日のテスト、悪くて落ち込むよ。→　そっかー、テスト悪かったんだ。
- 昨日は、早朝のバイトあって始発の電車に乗ったんだ。→　始発の電車ですか。
- 普段は体力に自信あるし、そのくらいのこと大丈夫だと思っていたんだけど、最近バイトと試験が重ねって、それで疲れて疲れて…寝不足だし…
    →　スケジュールが重なってとても疲れているのですね。

④リーディング

これまで、キャリブレーションを考えながら、ミラーリングなども含めてペーシングを図り、相手とのラポールを築こうとして来た訳です。この段階以後は応用編になるのですが、ラポールが十分に取れたことを確かめたうえで、今度は相手が更によりより状況になるように少しずつリードしていくことがリーディングと呼ばれます。これらの過

程は一回の会話でできるというものではなく、一定の積み重ねが必要な場合が多くなります。

　これ以後のプロセスも「質問」と「確認」を繰り返すことによって、相手に影響を及ぼそうとしていることは変わりません。しかし、質問の仕方にも一定の法則があることを覚えて頂きたいと思います。

　上手にリーディングをしていく為には、「オープンクエスチョン」を多く用いていくことが効果的です。オープンクエスチョンというのは、イエス、ノーで答えられない質問のことです。具体的には、「どんな感じがした？」とか、「どのようにしたよいとお考えですか？」とかいうような質問です。相手の答えの幅が広がり、多くの情報を引き出すことに繋がります。

　もう1つ注意すべきは「否定的な表現」を使わないことです。言葉には強いパワーが秘められており、否定は否定的な反応を呼び起こしがちです。相手のいうことが世間的に見て適切でなかったり、自分の考えとは違っても、それはそれとして一旦、相手のいうことを受け入れてみるのです。世間的に見て明らかに間違っていること、例えば犯罪に類するようなことでも、それを指摘するのではなく、そのことを結果として相手の内側から気づかせるように持っていこうと考えるのです。

⑤リフレーミング

　私達はすべてのものを、その人独自の視点を通して見ています。この物事を見る視点のことをフレームと呼び、そのフレームを別のフレームに組み替えていく作業をリフレーミングと呼びます。リフレーミングには、事象の内容ではなく、その状況を変えようとするものと、事象の内容そのものを変えようとする2つの形があります。例えばすぐに調子に乗ってしまうとこぼす相手には、一緒に遊んだら楽しいだろうねと言ってあげるのは、状況のリフレーミングです。また、太っていることを気にしている人がいる場合に、貫禄があっていいねと言ってあげるのは、内容のリフレーミングです。

　リフレーミングを行う際に気をつけるべきなのは、ポジティブシンキングとの違いです。ポジティブシンキングは、単に否定的な側面を覆い隠したり、無理に肯定的に断定するといったような事例にも用いられることがありますが、NLPでのリフレーミングは、特定の行動や取り巻く状況について、視点を変えることによって、その人にとってよりよい変化を望める視点や枠組みを探してもらおうとする目的をもって行われます。単に状況対応的手段に終わる可能性のあるポジティブシンキングと、目的の明確なNLPのリフレーミングとの相違はここにあります。

> **（参 考）苦手な相手に対するイメージ変換**
>
> どうしても苦手な人と話さなくてはならない時も現実にはあるでしょう。
> そんな時は、自分の中で相手のイメージを変えてしまうという手法があります。例えば、いつもガミガミと怒る上司には、その姿を自分のイメージの中で豚に変えてしまい、その声はブーブーいう泣き声に変えてしまうのです。このように、相手の姿や声などを思い通りに変えて、怖くないものに変化させることで、苦手意識を取り除くこともできるのです。

トレーニング　実際にやってみよう！

1. **キャリブレーション力を鍛える**

    数名でグループを作ります。各自、好きな食べ物と嫌いな食べ物を心の中で思い浮かべてください。食べ物の具体的な名前は言わずに順番に両方の食べ物の説明を行います。全員が説明し終わったら、順番に聴き手の方から、各自の好きなものと嫌いなものをなぜそう考えたかの理由を示しながら発表します。それが済んだら、発表順に本当の答えを発表します。そして、話者と聴き手の双方に生じた感情などについて話し合ってみてください。

2. **要約練習**

    これも数名でグループを組んでください。順番に昨日の自分の行動を1〜2分程度で話します。それを聞いていた聴き役は、話者が話した内容を極く短く要約します。

    それを聞いた話者は、その要約に納得がいった時は「その通りです」と答え終わります。納得がいかなかった時には、「〜の辺が違います」というように話者が答え、聴き役は再度整理をやり直し、話者が納得したら終了です。この練習では、話者はどちらかというと淡々と自分の行動や体験を語り、聴き役が要約する際には、話者の感情も含めて要約するように心がけると練習の効果が上がります。

3. 上記のような話者と聴き役とに分けたトレーニングをする中で、お互いにキャリブレーションができていたのか、本書に書かれているいろいろな技法が使えていたかについて会話終了後に話し合ってみてください。

第6章　傾　聴

4．相づちの効果を知るトレーニング

数名でグループを組み、最近の出来事について話者に話してもらいます。聴き役は、最初は、①話の合間合間に「なるほど」とか「すごいですね」とか肯定的な相づちを入れながら聴いてみてください。②そして今度は同じ話を、「そんなことはない」とか、「それはおかしい」とかいう否定的な相づちを入れて聞いてください。２種類の会話を終えたら順に、その感想を話し合ってください。

Column　声の響きを磨き、コミュニケーション力をアップ

後藤有美（セラピスト）

　好きな人、好きな芸能人を思い出してください。その人の声は好きですか？
　では、あなたの声は、好きですか？　意識してみてください。
　声は、自分の中から出ている、あなたそのもののエネルギーです。
　声は、声色というように色がついているように沢山の表情があり、その人の気分や状態を映し出しています。
　そして、その時の感情がそのまま声に反映しています。
　例えば、落ち込んだ時のドヨーンとした声のトーン。
　頭にきて、カッカと切れた時の金切り声。その場から立ち去りたくなります。
　声の響きは、実は、伝える相手だけでなく、空間に音の振動が伝わり、その場の空気感を作ります。
　自分の思いをのせて響いているのが声で、その人の雰囲気となり、無意識に印象づけているのです。
　伝えている内容、言葉の使い方と同様、声の響きは、相手に想像以上に影響を与えています。
　この声の質を磨くと、「人間関係」「仕事」「恋愛」「電話」等の声を使うシーンで、自身の声そのものが大活躍してくれ、人生の展開も上向きになります。
　また、大切な発表時、緊張して頭が真っ白になり何を言っているかわからないのでは、内容も雰囲気も台無しになります。相手ばかりを気にすると、声も上ずり気味で空回りしがちです。
　まずは、自分のハートを整えることがコミュニケーション、表現上達の近道です。
　自分らしく、落ち着いた状態で話せる相手に印象づける道具の声を磨くと、自信に繋がります。自然とコミュニケーションが上手くとれ、家族や友人との関係も向上します。上昇気流にのせてゆけるのです。
　一般的に、赤ちゃんや子供の声は、よく通ります。生命力に溢れている証拠です。
　逆に、悩み落ち込み、胸を締めつけるような出来事があると、胸の辺りが圧迫されたようになり、極端に声の響きが悪くなります。緊張して力んでいる時も、同じ状態です。また、言いたいことを我慢し、表現しないでいるとストレスが溜り、喉の辺りが詰まったような閉塞感を感じてしまいます。

　次にコミュニケーション力アップにつながる「簡単セルフボイスセラピー」を紹介します。
　これは、胸、喉周辺をスッキリさせ、巡りが良くなり、相手に好印象を与える声質修得法ともいえます。

〈3分で好印象を与える声質修得法〉

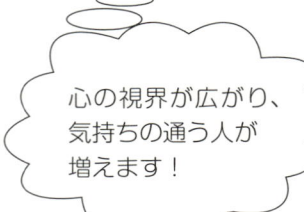

身体、心のカチカチを、声の響きで短時間に解放してゆきます。

1. 首をゆっくり回し、のどや首周りをリラックスさせます。
2. 片手の掌で胸の中央にピタリと触れてゆきます。（親指、人差し指が鎖骨に触れ、残りの指はそろえます。）
3. 触れた部分に意識をむけ、大きく呼吸をします。（ゆったり吸って→軽く止めて→吐いて→味わいます。）この4拍子呼吸が滑らかになると、声が心地よく響きます。
4. 掌に声を集めるように、大きく吸って吐く時に「あ〜」と声を出します。次に「え〜」「い〜」「お〜」「う〜」の順番に、1音ずつ胸に響かせるように発声します。掌に声の振動の余韻を感じてみます。
音程、音量は出しやすい感じでOK！　はじめは出しやすい音でトライし、どんどん他の音にもチャレンジ！
慣れた方は、胸の奥に、声を響かせるようにしましょう。
音が長く出せるようになると、気が巡ります。

＊朝一番にスッキリスタートをきりたい時、ここ一番の大事な時に落ち着きたい時、ストレスを受け胸の詰まりを解放する時等にお勧めです！

心の視界が広がり、気持ちの通う人が増えます！

♥ 喉、感情が浄化された良い声の響きは、一緒にいる周りの人達に、心地いい空気を作ることができます。

つまり、一緒にいたいなと思われる、居心地のいい人になれるわけです。

心にも弾力が出て、相手に話しかけられやすい雰囲気となり、人気も出ることでしょう。

メールが伝達手段の中心になっている人も、大事な時は会って話をしてみましょう。

会話が苦手な人も、挨拶をする、お礼をいう、相手の良い事を見つけて褒めてみる等、日常の生活習慣からはじめてみるといいですね。

Column　自分の耳は固い？　柔らかい？

冨塚千秋（ビジョンヨガ・インストラクター）

　私がいつも皆さんにお伝えしているのが、「頭は嘘つき、体は正直」ということです。
　忙しさや、疲れが溜まっている時、自分では「まだ大丈夫」と思っていても、自分の意思とは別に、必ず体調に表れてきます。悩み事等の精神的なものも、ポジティブ思考で乗り切ろうとしても体は正直に不調を訴えますね。
　この事からも「心と体は繋がっている」ということがよくわかります。

　思考をコントロールするのは難しいですが、体を緩めることは簡単です！「体が緩むと、心も緩む」というわけです。
　ここ一番！　大事な場面で緊張してしまったり、集中力が続かない時、良いアイデアが浮かばない時に効果絶大のすぐに身体が緩むボディワークをご紹介します！　パソコンや読書で酷使した目の疲労もすっきりしますよ。

ファイアー
　―目や頭が疲れた時、集中力がなくなった時、熟睡したい時におすすめのポーズ―

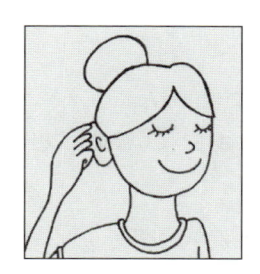

上、横、耳たぶ、を自由に痛くてきもちいいイタキモの場所を見つけて、息を吐きながら引っ張ります。

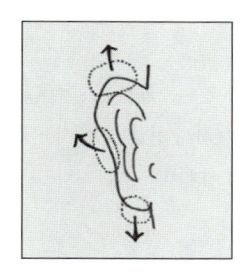

耳のてっぺんをつまんで息を吐きながら引っ張ります。
痛いところへ息を吐きながら行います。

耳の固さはどうですか？　耳の固さはストレスや目の疲れを表すバロメーターです。発想が止まるのは脳に酸素が供給されず、神経回路の伝達も上手く行っていない状態だから。ファイアーは脳に酸素が一気に送られ、火を噴くように一瞬で目や脳の緊張が緩みます。

＊頭の中には情報がいっぱい！　中には必要のない情報や、世間の常識、ダメなパターンの記憶も。
　一度、頭の中をクリアな状態へとリセット！　ひらめきが起こりますよ♪

キーワードは『イタキモ』

「痛くて気持ちいい！」この快感覚を呼び覚ますことで、間脳が目覚め、体内時計が整い、衰えていた身体能力、人が本来持ち合わせている勘が冴えてくるというわけです！

ハートポイント指圧
　―緊張した時、気分が優れない時、呼吸が浅い時におすすめのポーズ―

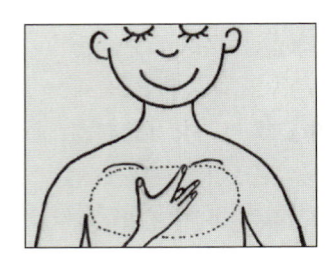

鎖骨の下から、胸の上半分の範囲で、中指を垂直に押し入れるように行います。

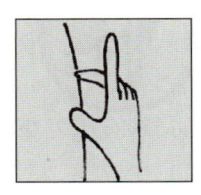

押して痛くて気持ちいい『イタキモ』を見つけ、そこにゆっくりと息を吐きながら押し入れ、吸いながらゆっくり指の力を抜きます。指を離した後の胸に広がる余韻を味わいます。

心のストレスを受け、固くなっている胸の『イタキモ』を溶かすと、ストレスも溶け出し、心が軽くなり、呼吸が深くなります！

＊どんなに有能なピッチャーでも、緊張して力んだままだと、持っている能力は発揮できません。
　自分の持っている能力を100％出すには"リラックス"できることが重要！　それは持っている能力以上の力を発揮する事もありますね！

～自分を知ることは、思考ではなく、体に目を向けること～

　自分は本当はどう感じているのか？　『痛い？』『固い？』『苦しい？』『やりたい？』『気が進まない？』『気持ちいい？』
　考えるのではなく、その時の体の声を聞いてみてください！　体は正直に反応していますよ。
　ここで紹介した2つのポーズはビジョンヨガのポーズです。
　ビジョンヨガとは、自分の持っている力を発揮して、自己実現するためのヨガです。
　是非、生活に取り入れて、身体感覚が冴える毎日を過ごしてみてください。

第 7 章
話 す
（日常会話、自己紹介、就職面接）

ねらい

1. 話す時の状況は、フォーマルな状況とインフォーマルな状況がある。フォーマルな場面だけでなく、インフォーマルな状況下での話すことの重要性を理解する。
2. 話すことについての技法を学びながら、自己紹介という形で自分自身のオリジナルなスピーチを作って発表し、引き続き改良、修正していく。
3. 就職面接に関して、氾濫する情報に惑わされずに、その本質とポイントを理解する。

1．はじめに

　会話（発話に重点を置きます）する時に置かれた状況として、フォーマルな状況とインフォーマルな状況と、私達はそのどちらを多く体験するでしょうか。考えてみれば、フォーマルな場での発言、例えば、会議での発言、報告会や発表会でのプレゼンテーションなどの比率は少ないはずです。

　しかしながら、多くのテキストではフォーマルなスピーチやプレゼンテーションの説明に重点を置いていました。本書では、日常一般の会話における会話（発話）という原点に戻ってみたいと思います。そして、その一般原則を踏まえたうえでフォーマルな状況への準備をしていって頂ければと考えるのです。

　フォーマルな発話としてプレゼンテーションについては次の章で扱いますので、本章では、その準備や練習の意味を含めた事例として、自己紹介の組み立て方について説明しようと思います。また、就職活動を念頭においた面接に関して、その本質と考えられるポイントにも触れておきたいと思います。

2．日常場面での会話（インフォーマルな会話）

①日常会話の重要性
　一期一会の精神は大切ですが、その精神自体もその一回だけには終わらないはずです。人間の関係作りにおいてはその基礎に、ラポール（信頼関係）やアンカー（結びつけているもの）が重要です。そしてそのようなものは、壊すのは容易かもしれませんが、作るには時間がかかり、相手との接触回数を重ねて、積み重ねていくプロセスが重要になってきます。
　職場に限定してみても、他人と話すのはフォーマルな発表や報告より、雑談に近いものが圧倒的に多いものです。上司に報告をするということを考えても、上司の机の前で椅子に座って書面を元に報告するということは多くはないはずです。実際には廊下ですれ違った時に、あるいは昼食を共にした時に、そして訪問先に同行した際の車の中、訪問先で相手を待つ間、そんな場面での会話が、人間関係作りの基礎を与え、仕事の報告や根回しになっていることも決して少なくありません。
　上司に限らず、日常から報告、連絡、相談（あわせて「報連相」：ホウレンソウと呼びます）をもちかけることのできる関係を保っておくことが、他の人の協力を得やすくする条件になるのです。このような意味で、仕事の上での能力を発揮さえすればよいと考えて一人で頑張ることのリスクもわかってくると思います。仕事上リスクを負わなくてはならない時もくるかもしれませんが、それも日常の「報連相」が前提といえるでしょう。
　また、このような日常の何気ない会話の中で、他人の考え方に触れている間に、他人と自分の違いについても自覚が深まっていきます。この気づきが自らのアイデンティティーや個性にも繋がっていくのです。このようなことから、日常の会話の重要性を私達は再度認識し直すべきなのです。ここでは会社の中での話を例に取りましたが、学生の皆さんにとっては、学校内やアルバイト先、サークル内での、先生、上司、仲間との関係でも同じようなことがいえるはずです。

②会話の内容
　日常の会話が大切だといっても、中にはシャイな方もおられるでしょうし、そうでない方も、親しくなるきっかけや、自分が交わす会話の内容について一度立ち止まって考えてみることは意義があります。これまで知らなかった他人と会話するのは、どんな内容が適当なのでしょうか。一般には、天候や趣味、衣食住のことなどが上げられると思います。無理なく話せることでよいのです。特に会話が苦手という方は、最初の段階で

は、内容があまりなくてもよいと割り切りましょう。例外があるかもしれませんが、一般に「質」を語る資格は「量」をこなすことによってしか生まれてこないように思えます。

　スポーツや映画、TVの話は抵抗が少なく入っていける話ですね。あと自分の育った地や住んでいる地域に関する話題も結構便利に使えることを覚えておきましょう。自分の住んでいる街の特徴を話したり、相手の住んでいる街の特徴を聞いたりしていくうちに、お互いの「共通の関心事」を見い出せればよいのです。

　傾聴の章でも述べましたが、相手に対してオープンクエスチョンを用いたり、相手の話に乗っかって、連想を拡げていったり、数人で話をしている時には、発言が少ない人に話を振ったりしていくのです。相手がある会話ですから、自分だけが頑張ることはありません。仕事の話などで、内容がよくわからない場合には、「難しそうなお仕事ですね。どんなお仕事なのですか。」と聞いてみればよいのです。本当に聴きたいと思って言えば、相手は答えてくれるはずです。

　会話の途中で、相手に否定されたら、とりあえず違う話題に移すとか、目上の人と会話する際には、相手の苦労話や仕事で感動した話を聞いてみましょう。こんな日常時にこそ、本当の意味での職業観などが聴けるものです。多少自慢話でも、学ぶものはあると思います。自らの話が自慢になってしまう場合もあるとは思いますが、その際には、なるべくいろいろな知識やノウハウを含めて話すなど、相手にも役に立ったり、話題が広がるような話し方がよいといえるでしょう。また、会話にも一定の努力が必要で、時々の流行に敏感であったり、自分のドジ話（自慢話より聞きやすい）、普段から面白いことなどの話材を書き留めた「ネタ帳」を作っておくというのも、面白いのではないでしょうか。

　会話が進んできたときには、自己開示もしていけばよいと思います。会話には「返報性」があり、自分が自己開示したら、相手もそれに応じるだけの自己開示をしたくな

図表7－1　日常会話での話題（まず、質より量）

- 内容は天候、趣味、スポーツ、映画、テレビ、旅、健康、仕事、衣食住など数多くある。
- オープンクエスチョンで相手の話を深く（拡げて）聞いていく。
- 相手の話からの連想で話題を拡げる。
- 肯定的に傾聴しつつ、会話を進める。
- 聞き手に回っている人に話を振ってみる。
- 会話が進んできた時には、自己開示も含めていけばよい。
- ジョハリの窓の共有部分を多くしていく。

る、あるいはしないと悪いような気がしてくるものです。お互いの関係において、ジョハリの窓の中の共有部分を広くしていくのです（第3章参照）。

③話の進め方

　日常会話ですから、決まったシチュエーションはありません。玄関や廊下ですれ違ったり、街で偶然会った時のことです。まず、相手を認めたら挨拶をして自分の存在を相手にしっかりと示します。親しい場合は、手を上げても、会釈でもよいでしょう。そして、相手の方に身体を向け、相手とアイコンタクトを交わします。まだ、相手が自分のことをよく覚えていないようなら、自分から名乗るべきです。そして、偶然のことですから、相手の用事や忙しさも考えながら、目的がある場合は、自分から伝えておきたいこと、聴きたいことを要慮よく話していきます。時には、相手の目的地の方向へ並んで歩きながら話すこともあるでしょう。普段から、何を言いたいのか、何を聞きたいのかの整理ができているかどうかが、このような会話の成否を決めるといってもよいでしょう。

　他方で、別段目的がない場合にも、それなりに関係がある人には挨拶をしておくべきです。用事があるから必要な時にだけ会話するという態度からは、なかなか信頼関係は生まれてきません。相手が忙しそうであれば、別段長話などせずとも、元気な声で挨拶をしておけばよいのです。例えば、自分が報連相を受ける立場だとして、普段から自分に挨拶している人間と、そうでない人間とでは、フォーマルな会話を交わすにしても、その入り口から気持ちが違うと思いませんか。

④話し方

　実は面白いことに、話す時に求められる態度は聴く時に求められる態度と大きくは変わらないのです。第6章の傾聴で学習したキャリブレーションを全開にすること。会話を肯定的に進めることです。これは何でも賛成せよと言っているのではありません。一旦相手の言うことを受け入れて、たとえ意見として反対する必要がある場合でも、建設的な議論ができるような配慮を忘れないようにしましょう。このような態度の面でも、多くの場合「返報性」が働くといっておきましょう。

　肯定的な質問を上手く使うことは特に有効です。単純に相手を褒めるというのではなく、「どうして、そんなにお上手なのですか？」と質問の形でいえば、肯定的な態度に加えて、知りたい答えまでが一気に得られます。人は質問されると、自動的にその答えを頭の中で考えてしまうものなのです。くどいかも知れませんが、このような他人のいいところを見つけて、褒めるという態度にも、返報性は働くのです。こうして、WIN-

WIN（互恵的）なラポールが築かれていくことになります。

図表7－2　返報性の法則

> 人は与えられると、返したくなるものです。その本質は経済学的にいえば「贈与関係」であり、会話の上達本などに書いてある言葉でいえば、「鏡の法則」などとも近い意味を含むといえます。

3．自己紹介

①自己紹介はインパクトとコンパクト

　自己紹介とは、相手に自分をどのように受け取ってもらいたいとかいうメッセージを発することですが、最も重要な点は、自分自身のセルフイメージがそこに投影されていることです。自分自身を肯定的に受け入れられていなかったり、自信がなかったりすると、そのことが如実に自己紹介の内容や態度に表れてきます。本書で話すことの事例として自己紹介を取り上げたのは、自己紹介をする経験を増やすことによって、自らのセルフイメージをチェックして頂きたいからでもあるのです。もし自分の強みや目的意識が明確でないのならば、表面的なテクニックではそれは覆い隠せません。現在の自分に何か欠けているものが見つかったら、あとはそれを作っていく努力を行っていく必要があるといえます。

　人は一般に他人の話より自分の話をしたいものです。したがって自己紹介を聞いてもらおうとするにはインパクトが必要です。他の人とは違う自分の強みや感性や特性が、聞き手の頭に入りやすいキャッチィーな（受け取りやすい）フレーズで語られていること、また、何らかの体験に裏打ちされながら表れることがインパクトに繋がります。自らの特徴や強みをいう際にも、それを信じさせるに足る体験やエピソードを添えなければ、リアリティーが感じられないことに注意してください。

　また、自己紹介は長々と話すのは適当ではありません。基本は自己紹介の骨格を1分から2分ぐらいの長さで、メリハリをつけた形で語れるようにしておくべきです。長くするには、説明やエピソードを増やせばよいだけです。多人数で行う場合には、そ

図表7－3　自己紹介の三本柱

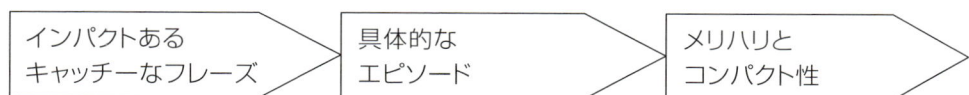

インパクトあるキャッチーなフレーズ → 具体的なエピソード → メリハリとコンパクト性

の中では最も短くするつもりで行ってください。そのような凝縮性の高い自己紹介の方が、聴いている人の印象に残るものです。

②自己紹介の内容

　自己紹介ですから、本来は人によって千差万別ですが、骨子となる内容について考えていきたいと思います。まずは、伝えたい自分の特徴、強みと自分は今後何をしたいかを明らかにすることです。このことは自分は自分であって、他の人ではないという証明であり、自らのセルフイメージの表明でもあって自己紹介で最も伝えたい中核部分です。

　次には、その特徴や目標を得るきっかけとなった体験や、またその特徴を意識するようになった出来事などの具体的エピソードをわかりやすく添えます。次に伝える相手側が興味を持っていることで、自分と共有できそうな事物を考えます。そして、その共有できそうな事物の延長線上に、今後の自分の夢が語れれば骨子は完成です。

　この話の骨子を分かりやすく伝えなければなりません。比較的簡単な方法としては、**自分の過去を振り返りつつ、特徴や強みや目標に気づいた経緯を話し、過去と現在を比べて、自ら変化、成長したと思える点を述べ、相手と共有できそうな事柄を通して、自分の夢を未来でかなえて行きたいというパターン**が考えられます。一回の自己紹介で伝えられる情報には限りがあります。相手が自分のことを気にしてくれて、要はまた会いたいと思ってもらい、今後も会話（対話）が継続していくようになればよいのです。

　物事をあまりに単純化してはいけませんが、極めて簡単な事例を出しますと、俗にいう「スポーツ根性もの」はこのパターンの典型です。例えば、野球が好きで、野球にあけくれていた少年が、成長してやがては強力なライバルに出会います。そこでは失敗や挫折を味わいながらも、自分は野球が好きだという原点をより明確に感じられるような体験をし、協力してくれる人も現われて、練習に練習を重ねて、人を動かすようなよいプレーができるようになった。今後はその成長の過程で得たものを大切にし、自分を育ててくれた野球界にも、何らかの恩返しをしたい。その目標の為に具体的には○○をしたいので、皆さん是非応援してくださいというような感じです。極端な例ではありますが、このような話が日本人の琴線に触れ続けてきたことは事実であると思うのです。

③自己紹介で注意したいこと

　自分の名前を覚えてもらうにも工夫がいります。有名人や地名との類似、語呂合わせ、何でもいいので自分で作って使ってみるべきです。また、先に述べた自己紹介の骨格について、「Aを通じて（得たもの：資源）Bしていこうとする（目的：夢）C（自分）です」というような筋がきちっと通っているでしょうか。また、全体として過去、現

在、そして未来という時間軸は効果的に使えているでしょうか。また、自己紹介は相手によって違うはずです。相手の求めるものを感じながら、相手との共有できるような事物に触れているでしょうか。伝え方としては、エピソードの部分はリアリティーを持って、つまりは、聴き手の頭の中に具体的な映像が見えるように具体的に話せているのか等に気をつけてください。

　セルフイメージに関してですが、これが低いとそのことが自己紹介に表れますといいました。しかし、自分の体験や知識が他人と比べて素晴らしい必要があるといっているのではありません。人の性格は人の数だけあり、たとえ一見弱みがあっても、一定の狭いエリアに絞り込んで、その中で一番になる戦略（ランチェスターの弱者の戦略）もあります。また、成長は相対的なものだけではありません。いろいろなハンディーがありながらも、成長を遂げていった人には、人は心を動かされ、協力を惜しみたくないと思うようになるのではないでしょうか。

図表7－4　自己紹介の内容作り

骨　子
1．自分の強み特徴や目標（他の人とは違う）。
2．その強みや特徴、目標を育てた環境、出来事（具体的なエピソード）。
3．相手の求めていることを考える。
4．相手と自分で共有できるものを考える。
5．その共有できるものの上に立って、自分の目標、夢を語る。
伝え方
1．過去、現在、未来の時間軸を活用した「物語」をつくる。
2．自分の名前や、相手と共有できるコンセプトをキャッチフレーズ化する。
3．臨場感（リアリティー）を持った具体的なエピソードを入れる。
4．あれもこれもと語らずに、メリハリをつけて骨子を伝えることに注力する。
5．コンパクトに語り、余韻を残して相手の質問を待つ。

4．就職面接について

①本質を考えよう

　就職面接については多くの本が書かれていますし、学校のキャリアサポートセンター

などが模擬面接なども含めて、指導をしてくださっているはずです。本書ではキャリアをデザインし、コミュニケーション力を身につける。その前提として自分が熱中することを見つけ、成長していく過程を通ることが、結局は就職活動を上手く進めることに繋がると考えています。しかし、就職活動やその面接に関する情報は溢れており、返って志願者が迷っているようなところもあると思われるので、この項では就職面接に関する考え方を簡潔に整理しておきたいと思います。ここで説明することを頭に入れて頂いてから、諸々のテクニック面での対策を講じられてみることをお勧めしたいと思います。

②就職面接の内容

　就職面接の内容は基本的には２つしかありません。志願者の**自己紹介と志望理由**です。自己紹介については既に説明しました。そして、もう１つの志望動機の半ば以上は自己紹介の中に含まれるといっても過言ではありません。自分自身の得たもの、それに気づかせてくれたもの、そして今後取り組みたいものが自己紹介の中にある訳ですから、志望動機は当然、その中から出てくる訳です。あとは、先に説明した相手と共有できる事物というのが、会社の業務や職種、社是・社風に関連すればよいということになります。

　それでは志望動機は面接を受ける会社数と同じだけ必要なのでしょうか。そんなことはないはずなのです。経理関係の仕事に就きたいのならば、航空会社でも鉄道会社でも似たようなものです。また、お客と直接接したいのであれば、これまた航空会社でも鉄道会社でも似たようなものです。事業計画を立てるような企画の仕事もどの会社もやっています。

　もちろん業種や会社毎の社風もありますし、給与や勤務に関する労働条件も選択の要因にはなるでしょう。ただ、他人とは異なる自分の内発的な志望動機、それを活かしながら社会に貢献していくのが就職の本質ですから、自らの「主観的な要素」が大切であることを指摘しておきたいと思います。

③大企業至上主義はやめよう

　前の章でも触れましたが、安定しているからという理由だけによる大企業志向には違和感を禁じ得ません。大企業だからといって安定している時代ではありませんし、企業は安定していても、雇用されている人はそうでない場合も多いのではないでしょうか。働くということは、結局のところ、「誰といっしょにどんな仕事をするか」に尽きると思います。従業員数10万人の会社に入っても、直接はすべての人といっしょに仕事ができるわけではありません。そして自分が関われる仕事にも限りがあるでしょう。顧客

に接することを取ってみれば、大企業の事務職よりも、一人で商売をしている人が多いことでしょう。出会う人々と、どのような人間関係を築き、微力といえどもどのような社会貢献ができるのかということが本来の関心対象であるはずです。このように考えると、闇雲な大企業至上主義では得られない、多くの選択の可能性に気づくことができるのではないかと思います。

④日常会話との違い

　就職面接が日常的な会話と違うのは、それまで日常的な接触はほとんどなく、ラポールもできていない時点での会話であることがあげられます。急速にラポールを作るというのはいうほど簡単ではないので、日常会話とは違うテクニックが必要となります。

　まずマナーの問題です。企業側は志望者の普段の生活態度をよく知っている訳ではありません。挨拶ができない人は、お客に対してもそうだろうと思いますし、学生言葉を使えば、敬語が使えないのではと心配になります。面接担当者は、志願者のことをよく知らない中で、短時間で選択する必要に迫られているのです。知り合いに「こんにちは」と声をかけられれば、「こんにちは」と返すのが当たり前です。であれば、会社で志望順位を聞かれたら「御社が第一」が普通だと思いませんか。何か会社に対して質問はと問われたら、働きたい会社について質問がないのはおかしいでしょう（ただし、質問が肯定的であるべきなのは、もう言うまでもないものと思います）。自己紹介や志望動機を語る際に、具体的なエピソードが必要だというのも、志願者が学生時代に打ち込んできたものがあったなら、会社での仕事にも打ち込むだろうし、その逆もまた真なりと「看做す」からに他なりません。時間が限られた中では、止むを得ないことでもあると思います。

⑤仲間（COMPANY）を見つけよう

　自営業も含めて就職とは、誰といっしょに、どんな仕事をするのかだと書きました。自分と密接に関係してくる人々を選ぶわけです。会社の側もいっしょに働きたいと思う人を選びますが、志願者も選ぶ権利はあるのです。仲間になれるのかどうか。少なくとも一定期間、いっしょにやっていくことができるのかどうかを感じることが重要だと思います。まさに、日頃からのキャリブレーションの力が生きる瞬間でもあります。

　最後に蛇足かもしれませんが、御自分の出身校や経歴を気にかけている方もいるかもしれませんが、要は自分自身が肯定的に生き、社会に貢献して行く為の仲間を求めているのです。もし仮に自分とは違う学歴や経歴に固執するような会社があるとするなら、その会社はあなたのカンパニーになる会社ではありません。あなたの方から断るべきで

しょう。自分自身が仲間の一員として、社会に貢献していけそうな、そんな「カンパニー（仲間）」こそを探すべきなのです。

> **トレーニング　実際にやってみよう！**
>
> 1. **日常会話**
>   ・数名のグループで、最近関心を持っていることを順番に発表しましょう。特に司会などは決めません。聞き手はキャリブレーションを全開にして、前章で学んだ傾聴のテクニックや、本章の図表７－１の内容を試しながら話を聴いてください。そして一巡したら感想や気づいた点、キャリブレーションや処々の技法が上手く行えたかどうかについて話し合ってください。
>
> 2. **自己紹介**
>   ①数名のグループを組んで、仲間内で順に自己紹介を行ってください。内容は図表７－４にできるだけ従って、自分の夢を語る形で行います。一巡したら、各自の夢が明確に伝わったか、また裏打ちするエピソードが効果的に使えていたか等について話し合ってみてください。
>   ②フォーマルな形、例えば就職面接のつもりで、具体的な会社や業界をイメージして、①に準じてフォーマルな自己紹介を行い、結果を話し合ってください。
>
> 3. **就職面接について気づき**を話し合い、必要があれば教員等にも質問してみてください。

Column　非言語コミュニケーションの大切さを実感

若生真理子（大学非常勤講師）

　総合商社に入社、関西支社での営業アシスタント業務が私の職業人としてのスタートでした。仕事に慣れ、職場での人間関係が安定してきた3年目の終わりに、営業部の企画総務課へ異動となり、営業部長の秘書を兼務することになりました。要職にある年配の方と接する機会が増え、私のコミュニケーションスタイルは大きく変化しました。本来の業務に加え、言葉づかいや立ち居振る舞いに気を配らなければならないだけではなく、社内外の人達と気軽に言葉を交わす機会も少なくなったのです。私の気持ちは、異動によるマイナス面に向かうことがしばしばで、業務を遂行する中で心身の状態を安定させることに苦労をしていました。

　そんな折、東京本社の専務が大阪に来られることになりました。本社との業務の連絡は、専務の秘書を通じて行うため、私が専務と直接お話をする機会はほとんどなく、お会いしたこともありませんでした。その日、専務は関西支社長と面談された後、私の上司である営業部長を訪ねて来られるということで、営業部のフロアーは緊張につつまれていました。張りつめた空気の中で専務は、立ち上がってお迎えしようとしていた私のところに近づき、「秘書の○○さんだね。いつもありがとう」とおっしゃいました。先に私に、という驚きとともに深い感動を覚えました。その言葉にともなう非言語表現が、また見事だったのです。視線や表情、姿勢や動作などの非言語表現は、言葉が持つ意味の補完や強調だけではなく、言葉とは矛盾したメッセージを送ることもあるので、対人コミュニケーションの場面においては重要な意味を持つとされます。専務は通りすがりにではなく、立ち止まって、身体をきちんと私の方に向け、にこやかな表情で言葉をかけてくださいました。ご自身の意図を、言語と非言語表現を使って巧みに伝えられたのです。僭越ではありますが、専務はその高い業務遂行能力に加えて、周囲とのコミュニケーションを大切になさることで現在の地位に就かれたのだろうと感じる出来事でした。

　ハーバード大学のカッツ教授は、マネージャーに必要な能力をテクニカル、ヒューマン、コンセプチュアルの3つのスキルに分類しました。これらのスキルはマネジメント層に限らず、組織での人材育成の基本として研修にはよく用いられています。テクニカル・スキルは業務を遂行するうえで必要な知識や技術であり、ヒューマン・スキルは相手の観察や分析を通して、目的を達成するためにどのようなコミュニケーションや働きかけをするかを判断し実行する力です。コンセプチュアル・スキルは起こっている事柄や状況を構造的、概念的にとらえて問題の本質を見極める力です。ヒューマン・スキルは、良好な人間関係を構築するために不可欠であり、職場に限らず社会のどのような場面でも必要な能力です。

仕事に必要な知識や技能に加えて、意思疎通に優れた人材は、企業にとって大きな戦力となります。コミュニケーション能力は人から教わるものではなく、社会生活を通して主体的に習得していくものです。学生時代から、人とのつながりを大切にし、多くの体験を通して、ヒューマン・スキルの土台となるコミュニケーション能力を磨いてもらいたいと思います。

第8章
プレゼンテーション

> **ねらい**
> 1. プレゼンテーションの流れについて理解する。
> 2. 事前の調査や準備の大切さについて理解する。
> 3. 印象を深めるための様々なテクニックを学び自らも工夫する。
> 4. 身近な話題とフォーマルな話題の双方でプレゼンテーションを行ってみる。
>
> ※前章の「話す」と合わせ学習してください。本章は自ら発話する場合のコミュニケーションについての整理の意味も含まれています。

1．プレゼンテーションの意義とその前提

　プレゼンテーションとは、発話者が聴衆に向かって自らの思いや意志を系統的に伝えていくことで、単に口頭で行う場合から、事前にレジュメを配っておいたり、OHPや近年ではパワーポイントなどパソコンを使って行うものまで多様な発表方法があります。一般には、スピーチよりは長く5分程度の短いものから1時間を超えて行われることもありますが、通常は15分から30分程度で行うものが多いと言えます。内容としては、自己紹介から、企画や商品のPR、対面販売、面接試験など行われる場面も実に多様です。

　私たちがそのような多様な場面において、自らの思いや意志を効率的に伝えようとするには、いろいろと留意すべき点があります。プレゼンテーションは、一定時間自分の側から一方的に発話することが普通ですが、その場合でも潜在的には聴衆と会話しているのだという意識を持つことを忘れてはなりません。自分が話しながらも、絶えず聴衆の気持を察し、場合によっては話す内容や話し方を、微妙に変えることも必要になってくることも考えられるのです。その意味では、プレゼンテーションは伝えるべき内容を相手に伝え、相手が理解していることを確認するところまで含まれると理解すべきで

しょう。

　また、そのような効果的なプレゼンテーションを行う為には、当然それなりの準備やテクニックも必要になってきます。「準備８割、現場２割」というのは決して大げさな表現ではなく、入念なリハーサルなども必要になってきます。また、内容を自分がよく理解していないことは上手く伝えられるはずがありません。自分が十分に内容を理解し、できれば心底、その内容に共感を持てていることが重要です。また相手のあることですから、理解し共感してもらうには、聴衆に合わせた内容や話し方が求められます。相手にとって興味が湧き、できれば役に立つ情報を盛り込みながら、後に解説する様々なテクニックも用いて、メリハリあるプレゼンテーションを行うことが必要となります。

２．プレゼンテーションの流れ

　プレゼンテーションは複数のステップに分けることができますので、全体の流れを見たうえで、準備すべきこと、序論の組み立て、本論の組み立て、結論と分けて説明していきたいと思います。

（１）全体の流れ
　プレゼンテーションの全体の流れについて整理しておきたいと思います。最初のステップとして、情報収集や目的を策定をする準備段階が必要です。それらを前提条件として組み込んでから、プレゼンテーションの内容構成を考えていくことになります。内容構成は、最初の挨拶、自己紹介と、全体の流れの説明、そして本論の中身を論じたうえ、最後に結論を強調し、締めの挨拶の順番となります。以下、順を追って項目ごとに説明していきたいと思います。

（２）準備段階
　実際のプレゼンテーションの内容を考える前に、プレゼンテーションを行う目的を明らかにしておかねばなりません。また、できれば具体的な到達目標も定めておくことが望ましいでしょう。ビジネスのプレゼンに例えるなら、自社の製品・サービスの長所をよく顧客に理解して頂き、具体的な商談に結びつけるといった具合です。

　聴衆が具体的にどのような人々なのか、どのような状況の下、どのような意図で、どのような関連知識を持つ中で聴くのかについて、できる限りの情報収集と分析をする必要があります。この段階での相手の正確な意図や意向がどの程度把握できるかが、プレゼンテーションの成否に大きく影響することは避けられません。また、プレゼン実施後

の質問までを想定した実践的なリハーサルも必要になってきます。実際のビジネスの場面では、この段階でプレゼンの成否の半分以上は決まっているともいえるでしょう。繰り返しますが、この準備段階での手抜きは致命的な結果を招く可能性があることを肝に銘じなければなりません。

◇プレゼンテーションの流れ

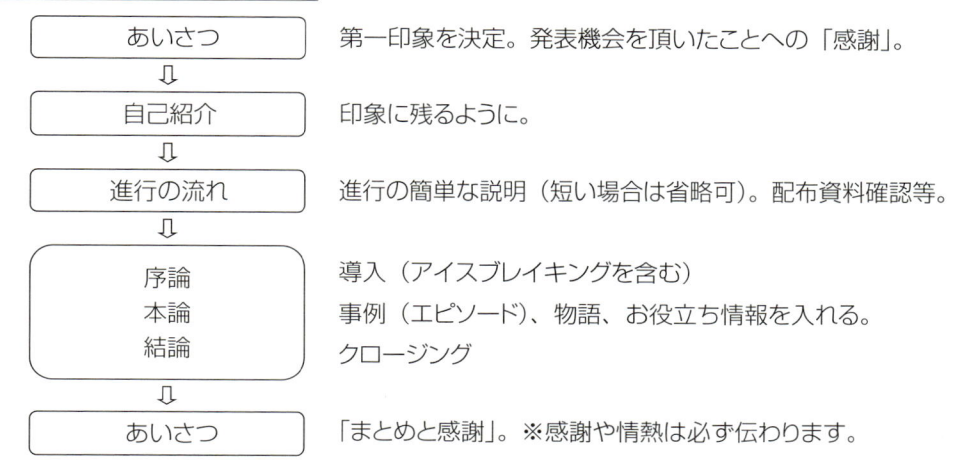

あいさつ	第一印象を決定。発表機会を頂いたことへの「感謝」。
⇩	
自己紹介	印象に残るように。
⇩	
進行の流れ	進行の簡単な説明（短い場合は省略可）。配布資料確認等。
⇩	
序論 本論 結論	導入（アイスブレイキングを含む） 事例（エピソード）、物語、お役立ち情報を入れる。 クロージング
⇩	
あいさつ	「まとめと感謝」。※感謝や情熱は必ず伝わります。

◇準備段階

①プレゼンテーションの目的を確認。
②聴衆分析：聴衆の属性、聴衆の要望は何か、会場の環境（TPO）。
　※実際に下のプレゼンチェックシートを活用してみてください。

人　数	約　　　　　名	テーマと目的
年　齢 構　成	歳代　　　　名 歳代　　　　名 （内子供）　　名	
男女比	男　　　　女	聴衆の関連知識レベル
業　種		
役職層		
場　所	（設備　　　　　）	聴衆の関心、意見
時　間	から　　　まで	

（3）序　論

　最初の２～３分でプレゼンテーションの印象がほぼ決まります。この間に、聴衆に対して聞いてみたいと思わせるような気持ちを持ってもらえることが重要です。その為には、何か面白そう、あるいは役に立ちそう、インパクトを与えるような情報、ちょっと驚くようなデータなどを効果的に配して、最初の「つかみ」を得るような工夫が必要です。

（4）本論の構成法

　本論の構成法は、TPOによって多様なパターンを考えることができますが、ここではよく使われる４つの主なパターンを説明します。表現のパターンとしては、学校の国語で習った「起承転結」を思いだす方もおられるでしょうが、これは漢詩にはじまった文学的な手法であり、叙情や叙景を表すには適切でも、短時間で特定の主張を展開する手法としては、あまり適切とは言い難いのです。

①列挙法（ホールパート法）

　まずテーマ全体についての概要を簡潔に述べます。そして、論拠を箇条書きにする感じで、部分部分に分けて、結論の根拠やデータを示していきます。そして最後にもう一度、全体を要領よくまとめたうえで、結論や主張を繰り返し強調して終わる方式です。このパターンは主に、５分程度の短めのプレゼンテーションに向いているといえるでしょう。５分を超えるプレゼンになってきますと、箇条書きでだらだら続けることは理解を損ねることにもつながる為、以下に上げるような他の構成を工夫する必要があります。

② CREC 法

　冒頭に、何々してくださいとか、何々をお勧めしますという結論を持ってきます。そしてその次のステップで、その理由を示し、その次のステップではその理由を証明・補強するような具体例やデータを示します。そして最後にもう一度、理由を簡単に整理して、結論を繰り返すパターンです。効果的な標語・スローガンなども併用できれば効果的でしょう。ビジネスシーンによく見られるパターンですが、最も応用範囲が広いものと言えます。

③論文方式

　小論文の書き方を学んだ方もおられると思いますが、その方式を応用する方式です。

冒頭には、テーマとそのテーマをどのような視点から論じていくのかを示します。次にそのテーマに関する有力と思われる意見、言説、学説についていくつか論じられている内容を紹介します。そして、次にはそれらの各種の意見の得失を理解したうえで、自分なりに、どのように判断していくのかの基準や規範を提示します。この時にその基準や規範は自分で勝手に思いついたものというより、これまで歴史的な試練に耐えてきた有力な哲学や価値観がベースになっていることが、このパターンでの説得力を高めます。アカデミックな状況が想定される場合や、政策などを協議する場合に向いているといえるでしょう。

④時系列法

テーマに則して、過去から説き起こし、現在についての評価を述べたあと、未来に向けての所感や展望を示す方法です。過去と現在はすでに起こってしまっている事実として述べ、それら事実から感じたこと、学んだ点について言及・論評しつつ、将来に対する所感や展望を語るという手法です。時系列ですから語りやすい点が魅力です。主張というよりも、発話者の人生観や価値観を語るような場、たとえば冠婚葬祭の場などに適した方法といえるでしょう。

以上、列挙法、CREC法、論文法、時系列法と簡単に説明してきましたが、実際にはこれらの手法を、テーマや与えられた時間、プレゼンの目的によって、上手く組み合わせて用いるということも多いでしょう。これらの基本を踏まえながら、後に述べるテクニックも駆使して、目的に沿うような適切な構成をケースバイケースで考えることが必要です。

・ホールパート法

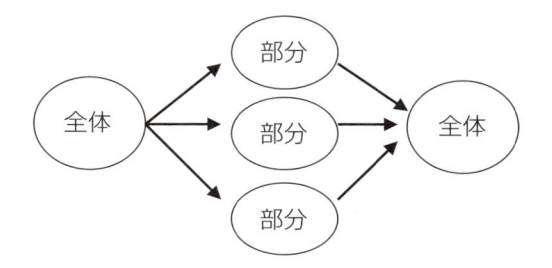

全体 → 部分/部分/部分 → 全体

持ち時間が少ない時など効率的に、わかりやすく伝えることができる。

・CREC法

C : conclusion　結論	～してください ～をお勧めします	
R : reason　理由	なぜなら、	相手に強く勧めたい 情報がある場合や 説得したい場合に有効。
E : example　事例	例えば、例として、	
C : conclusion　結論	ですから	

・論文法

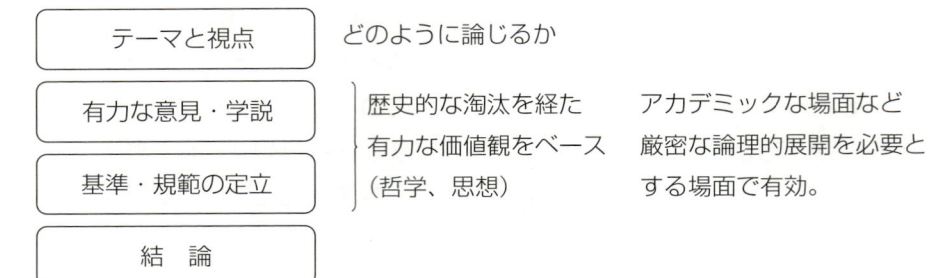

テーマと視点	どのように論じるか	
有力な意見・学説	歴史的な淘汰を経た 有力な価値観をベース （哲学、思想）	アカデミックな場面など 厳密な論理的展開を必要と する場面で有効。
基準・規範の定立		
結　論		

・時系列法

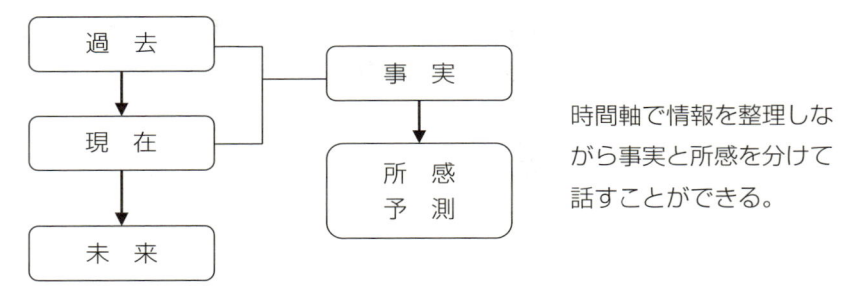

過去 → 現在 → 未来

事実 → 所感・予測

時間軸で情報を整理しながら事実と所感を分けて話すことができる。

3．印象を際立たせる為の工夫

（1）好印象を得る

　プレゼンテーターの第一印象は10秒前後で決まります。また、メラビアンの法則としてよく語られるように、プレゼン後に印象に残るのは、外見55％、声の印象38％、話の内容は7％ということも起こり得ます。ただ、この現象も否定的にのみ捉えるの

ではなく、発話者は内容についてのしっかりとした理解と情熱を、ノンバーバルなものも含めて伝えようと努めていくべきでしょう。

①外見のチェック

開始時には「背筋」を伸ばしてしっかりお辞儀をします。開始時には少し浅めのお辞儀で顔を売り込み、終了時に深めにお辞儀をして感謝を表すのが1つのコツといえます。「目」はアイコンタクトに努めます。会場全体をS字またはZ字の要領で視線を投げかけていきます。もちろん、その時に会場の雰囲気を感じ取ることが必要です。「手」は話の要所でハンドアクションに用います。「顔」は全体を通じてにっこりと、「足」は揃えて、「服」はその場に応じた身だしなみのものを着用し、聴衆にとって気になる「癖」は直すようにしなければなりません。ただ、癖は自分自身では気づきにくいので、日常的に友人にチェックしてもらうなどしておく必要があります。これらの外見上のチェック項目は、せ（背筋）、め（目、視線）、て（手）、にっこり（笑顔）、あし（足）、ふく（服）、くせ（癖）と覚えて、意識してチェックするようにしましょう。

②メリハリある話し方

プレゼンテーションでの平板でメリハリのない発表は眠気さえ誘います。重要な部分は、声を少し大きくする、ゆっくり話す、繰り返すなどすることが大切ですし、論理の流れがよくわかるようにするためには、「というのは、ですから、しかし、したがって、例えば、あるいは、よって」などの接続詞を効果的に使うようにしてください。また、忘れてはならないのは、話の切れ目、強調したいところでは、一息入れるなどで、話に「間」を取ることです。話のスピードは、報道番組などでまれに1分間に400字程度のスピードで発話されることもありますが、間合いも含めれば、1分間に320字ぐらいのスピードに抑えるのが適切でしょう。一文はできるだけ短く、簡潔にすること。具体的な事例では比喩表現やハンドアクションなども加えながらメリハリをつけていきます。

③その他の工夫

まず、会場の雰囲気をなごませ、環境になじみ、安定感を醸し出すような切り出し方が必要です。会場へ向かう時のちょっとした出来事、その日の天候、聴衆や会場で好感の持てる部分をコンプリメント（ほめる）などのアイスブレイキング（緊張感を解く）のテクニックを用います。効果的なプレゼンテーションには、印象的なエピソードなど具体的なイメージを聴衆に与える手法が有効です。具体的な数字やデータを示したり、あまりにわざとらしいのは考えものですが、話のポイントでは少しショッキングな演出や

決め台詞として、四字熟語、ことわざ、故事成句、簡単な造語（例えばGNP＝義理、人情、プレゼントなど）の使用も工夫してみればよいでしょう。

　まとめの部分では、論点をいくつかのキーワードにまとめて簡潔に再整理し、結論を明確に繰り返すなどのクロージングのテクニックが必要です。最近では、パワーポイントなどパソコンを活用したプレゼンも多くなっていますので、その使用法に習熟することも大切です。このようにプレゼンテーションには、多種多様なテクニックが考えられますが、日常より自分自身で使えるような、道具の引き出しを多くする努力が必要です。最後に繰り返しになりますが、効果的なプレゼンテーションには、話者の内容に対する理解と情熱が感じられることが不可欠であることを強調しておきたいと思います。

◇印象を際立たせる
　（強調する）
　・大きな声で話す　・ゆっくり話す　・繰り返す　・「間」をとる
　・ハンドアクションを使う　・だらだら話さずに、メリハリをつける
　（話し方）
　・1分間に320字程度のスピードで話す（ただし、スピードにもメリハリをつける）
　・一文を短く、簡潔にする　・論理を明確にするために、接続詞に気を配る
　・パニックになった場合は、メモに目を落しながら間合いをとり体制を立て直す
　（全体の流れ）
　・緊張を和らげ、会場に溶け込むようなアイスブレイクを考える
　・説明には具体的なエピソードやたとえ話、数字や事例が効果的
　・まとめでは、論点を簡潔に整理し、根拠を明らかにして、結論（主張）を強調する

トレーニング　実際にやってみよう！

1. プレゼンテーションのテーマを決める。
   ・最初は自己紹介などでも結構です。ただ、1～3分程度ではスピーチとなってしまいますので、5分程度以上のプレゼンテーションとしての構成立てができる長さで行いましょう。
   ・最初のうちは、サークルで行うようなくだけた内容でも構いませんが、就職面接などを想定した一定のフォーマルな場面を設定しての練習が重要です。

2．プレゼンテーションの準備
- 自己紹介などであれば、事前に実際のエントリーシートや自己紹介書などを各自でまとめておきます。
- プレゼンを行う場所を、例えば○○銀行の第1次個人面接で面接担当者が3名だとか、現実的、具体的な場面を想定します。
- 学校での授業では、時間の制限もあるでしょうが、人数を絞って行うとか、グループを組んで、グループ毎に行うなどの工夫をして行ってみてください。

3．評価とフィードバック
- 面接実務に詳しい評価者がいることが理想ですが、学生同士だけでも効果はあります。
また、評価者がいる場合にも、発表を聞く番に回った学生は評価者として発表内容の評価を行い、発表後に意見を交換し合います。
- 評価は内容の論理性や明確性、発表手法の工夫やメリハリ、全体としての説得性などについて、「よい点」、「直せばもっとよくなる点」などに分けて、評価し合えばよいでしょう。発表の内容の工夫としては、具体的なエピソードやたとえ話、数値やデータを効果的に用いることができたかが重要ですし、発表手法の工夫としては、間合いの取り方、声の大小、アイコンタクトやハンドアクションなど、「背目手にっこり足服癖」のチェックも行ってください。

4．練習の繰り返し
- 事前に採点表などを作っておき、クラスや友人間でゲーム感覚で繰り返しトレーニングしてみてください。
- プレゼンテーションの上達には、一定の回数を重ねることが不可欠です。回数を重ねる中で、いろいろな気づきがあり、自分で使えるテクニックも増えていくのです。

5．他の章での学習内容も合わせて、自分なりの展開や工夫、決め言葉などの道具立てを増やしていってください。

Column　第一印象の重要性

沖中美喜（大学非常勤講師）

　人と人とが初めて顔を合わせた瞬間、必ずそこには第一印象というものが生まれます。その印象の良し悪しで評価が＋（プラス）からはじまるか、－（マイナス）からはじまるか決まってしまいます。やり直しはききません。社会人になればこの重要性はひしひしと感じるはずです。なぜなら、他者はあなたの印象であなたの会社の印象まで決めてしまうからです。

　初めて会った時、人の目に留まるのは表情・立ち居振る舞い・身だしなみです。それを知っておけば、どうすれば第一印象をよくするかわかるはずです。

　表情の中で最も好印象を与えるのはもちろん笑顔です。また、笑顔は伝染するともいわれています。脳科学の分野においてもミラー効果というのが認められています。つまり人は相手の表情を知らず知らずのうちに真似てしまうのです。相手の笑顔を引き出せればまず相手と良い関係をつくる第一歩を踏み出せるのです。

　姿勢はどうでしょう？　姿勢が悪すぎると卑屈に見えますし、振る舞いのがさつさは、いい加減な印象を与えます。背筋を伸ばし、1つひとつの動作を丁寧に行うことを心がけるだけで品の良さを演出できます。

　身だしなみは、おしゃれとは似て非なるものです。オシャレはあくまでプライベートなもの。自分目線でセンスを表現すればよいのです。一方、身だしなみはオフシャルなもの。常に他人目線で捉えなければなりません。まるで職場にふさわしくない奇抜な格好の人に、自分の大切なお金をあずけようと思いますか？　あるいは、不潔感を抱かせる人に自分の食事を運んでもらいたいと思うでしょうか？　このように他人の目線に立った時どのような身だしなみがふさわしいのか見えてくるのではないでしょうか。最近、就職活動の面接において「スーツでなく私服で来てください」と指定してくる会社があります。この時、どのような服装をしていくべきか身だしなみの観点で考えるとわかると思います。おしゃれを競うのではなく、あくまでも「ビジネスカジュアル」が求められます。清潔感、そして、誰からも信頼感を得る身だしなみが正解なのです。

　私は国内航空会社の元 CA です。CA といえば常に満面の笑で、制服にスカーフをなびかせ、バッチリメイク。髪の毛はぴしっとおだんごのイメージが皆さんにはあるのではないでしょうか。実はそれにはすべて理由があるのです。飛行機に乗るのが苦手なお客様は、多々いらっしゃいます。笑顔は安心感と親近感を与えます。また、CA はお客様の前では、決して走ってはいけません。機内だけでなく空港ロビーでさえもです（しかし、緊急時は別ですが……）。優雅な立ち居振る舞いで、お客さまに、機内では狭いながらも快適な空間を演出しないといけないからです。口紅が濃いのは、緊急時、非常灯だけの薄暗い機内で、安全に機外へ脱出していただくために、誘導する CA の口元がはっきり確認できるようにするためです。髪の毛一本でも乱れないような髪型にしているのは、お客様にお食事を提供する時に髪が邪魔で触ってしまうようなこと

があると、衛生的に問題があるからです。マニキュアの色も、髪の色も、ピアスの大きさもすべて決まりがあります。

　私たちCAは一日に何人ものお客様をお迎えしていますが、ほとんどの人が初対面です。そして、一度きりの出会いかもしれません。その出会いを常に大切な時間にしたいと思っています。その方々の安全を守り、飲み物、食べ物を提供します。そして、心地の良い、思い出に残る旅になるよう、お手伝いをするのがCAの役目なのです。お客様に信頼され、清潔感を与え、安心して飛行機に乗っていただくために、あの笑顔、そして、身だしなみが必要になってくるのです。

　ちょっと、自分の姿を鏡に映して客観的に眺めてみてください。あなたが見た鏡に映る自分は印象の良い人ですか？

第9章
交流分析

> **ねらい**
> 1．交流分析の目的。
> 2．交流分析による自我状態の分類。
> 3．自分の考え方や行動タイプを知る。

1．交流分析の目的

　第9章、第10章では、心理学の手法を紹介します。コミュニケーションをとる時、自分の性格、相手の性格、そしてその両者の関係が重要になってくるからです。
　交流分析は、米国のエリック・バーンという精神科医が提唱した心理学的にコミュニケーションを分析する方法です。表面的な言葉のやり取りだけでなく、微妙な意味合いや深層心理を理解することに役立ちます。
　交流分析は、自分に対する理解を深めることや、信頼に基づいた人間関係を構築することを目的として行われます。
　まず自分自身を知ることからはじめましょう。

2．5つの自我状態

　交流分析によると人は、（1）親としての私（ペアレント）、（2）大人としての私（アダルト）、子どもとしての私（チャイルド）の3つの側面を持っているといいます。

　（1）親としての私（ペアレント）
　（2）大人としての私（アダルト）

（3）子どもとしての私（チャイルド）

　さらにペアレントは、CP（Critical Parent）とNP（Nurturing Parent）に分けられます。チャイルドはFC（Free Child）とAC（Adapted Child）に分けられます。
　CP（Critical Parent）が高いと支配的・ルール重視・批判的であり、低いと友好的・ルーズになりがちと考えられます。
　NP（Nurturing Parent）が高いと献身的・面倒見が良い・おせっかいで、低いと閉鎖的・人のことに無関心と考えられます。
　A（Adult）が高いと合理的・理性的・打算的で、低いと感情的・非合理的と考えます。
　FC（Free Child）が高いと解放的・無邪気・創造的・享楽的で、低いと感情的でない・楽しめないと考えられます。
　AC（Adapted Child）が高いと妥協的・世間体を気にする・行儀が良いで、低いと非協調的・権力に屈しない・人目を気にしないと考えられます。
　交流分析は、人間と人間の交流を自我状態（5つの心のどれを主に使っているか）に分解して考え、やりとりを分析することを行います。
　下図にあるようにC（子供の心）からP（親心）に対しての発言に、P（親心）からC（子供の心）に返事するというように平行にやりとりできているのを相補交流といいます。例えば、学生同士で「この宿題教えてよ」「何、見せてご覧？」というようなやりとりです。

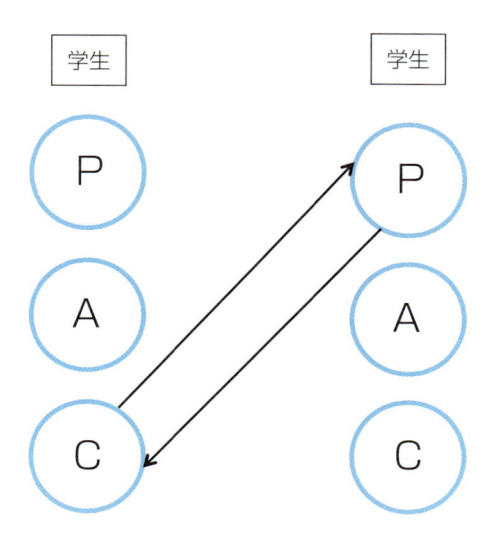

交差交流というのは、C（子供の心）からP（親心）への発言に、A（大人の心）からA（大人の心）に返事をするようなやりとりです。例えば先ほどの会話で、「この宿題教えてよ」に対して「宿題は、自分で考える方がためになりますよ」と返事することのようなやりとりです。

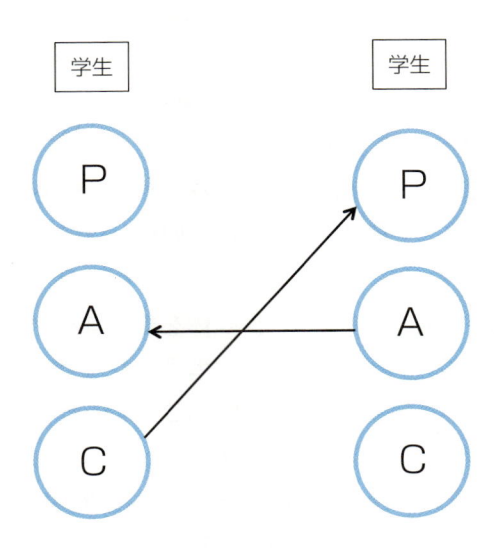

裏面交流は、言葉のやりとりと本心のやりとりが違っていることをいいます。例えば先ほどの会話で、「この宿題教えてよ」に対して「そうしたいのですが時間がないのでまた別の日にお願いします」と返答した場合、「本当は時間をかけた宿題を教えたくありません。自己責任でどうぞ」という気持ちが隠されていることがあります。

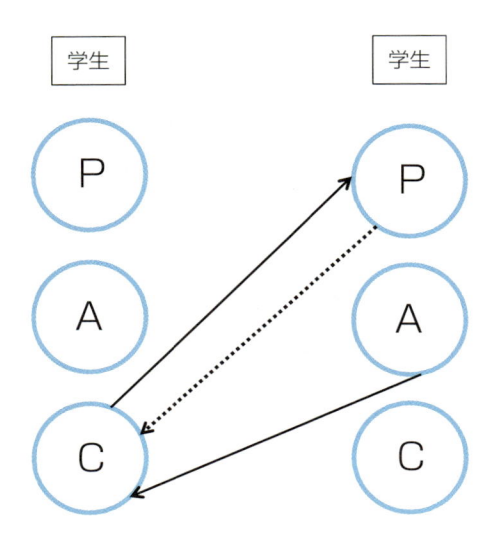

3. 自分の考え方や行動タイプを知る

　交流分析の中にはエゴグラムという分析手法があり、CP（Critical Parent）、NP（Nurturing Parent）、A（Adult）、FC（Free Child）、AC（Adapted Child）という5つの自我状態のエネルギーの配分の偏り具合で、一種の性格分析を提唱しています。もちろん、エゴグラムによって、人の性格判断が完全にできるわけではないものの、1つの判断材料に利用することは可能でしょう。

　では実際に、次のトレーニングでエゴグラムを作成してください。

トレーニング　実際にやってみよう！

　以下の各問について、自分の性格にあったものは○、そうでなければ×、どちらともいえない場合は△をつけてください。

① CP について

番号	問題文	回答
1	間違ったことに対して、間違いだとはっきり言いますか。	
2	規則やルールは守るタイプですか。	
3	無責任な人は許せないですか。	
4	自分がミスをした時、自分をとがめる方ですか。	
5	小さな不正でも、うやむやにしない方ですか。	
6	物事に妥協しない方ですか。	
7	組織で不正を見かけたら内部告発を行うべきであると思いますか。	
8	待ち合わせ時間を厳守しますか。	
9	人の言葉をさえぎって、自分の考えを述べることがありますか。	
10	社会の倫理、道徳などを重視しますか。	

○を2点、△を1点、×を0点として合計得点を計算してください。**合計　　　点**

② NP について

番号	問題文	回答
1	思いやりがありますか。	
2	人をほめるのが上手ですか。	
3	人の話をよく聞いてあげますか。	
4	人に対して何気ない気遣いをする方ですか。	
5	人の失敗には寛大ですか。	
6	世話好きですか。	
7	人の長所に気がつく方ですか。	
8	社会奉仕的な仕事に参加することが好きですか。	
9	困っている人を見るとなにかしてあげたくなりますか。	
10	子供や目下の人をかわいがりますか。	

○を2点、△を1点、×を0点として合計得点を計算してください。**合計**　　　　点

③ A について

番号	問題文	回答
1	「なぜ」そうなのか理由を検討しますか。	
2	結果を予測して、準備をしますか。	
3	物事を冷静に判断しますか。	
4	物事を分析して、事実に基づいて考えますか。	
5	何事でも、なにが中心テーマかを考えますか。	
6	わからないことがあればよく調べる方ですか。	
7	情緒と論理性を比較すると論理性を重視しますか。	
8	自分が何かに失敗したらその原因について考えますか。	
9	他人の意見は、賛否両論を聞き、参考にしますか。	
10	自分の行動を客観的に捉えている方ですか。	

○を2点、△を1点、×を0点として合計得点を計算してください。**合計**　　　　点

④ FC について

番号	問題文	回答
1	好奇心が旺盛ですか。	
2	してみたいことがいっぱいありますか。	
3	よく笑いますか。	
4	新しいことをやってみようと思う方ですか。	
5	昨日失敗したり怒られたりしても今日まで尾を引かないですか。	
6	物事を明るく考える方ですか。	
7	将来の夢や楽しいことを想像することが多いですか。	
8	直感で判断する方ですか。	
9	「すごい」「わぁー」といった感動詞を良く使いますか。	
10	友達がすぐにできる方ですか。	

○を2点、△を1点、×を0点として合計得点を計算してください。**合計**　　　**点**

⑤ AC について

番号	問題文	回答
1	人によく思われようとふるまう方ですか。	
2	自分が思うことを話すより、友達が話すことを聞いていることが多いですか。	
3	自分の意見を述べた時の相手の反応が気になる方ですか。	
4	自分を周囲に合わせることが多いですか。	
5	友達に言われたことで不愉快に思ったことがあっても口に出すことは少ないですか。	
6	自分が悪者になれば物事が円滑に進むならばそれでいいと思いますか。	
7	人から頼まれたらイヤとは言えない方ですか。	
8	人の期待にそうよう、努力をする方ですか。	
9	現在「自分らしい自分」「本当の自分」から離れているように思えますか。	
10	自分の感情を抑えてしまう方ですか。	

○を2点、△を1点、×を0点として合計得点を計算してください。**合計**　　　**点**

第9章　交流分析

エゴグラム

CP	NP	A	FC	AC

以下で代表的な性格例を図を用いて説明しますが、図はだいたいのイメージなので厳密に同じ図になっている必要はなく、ポイントが同じであれば同じグループに入っていると考えて頂いて結構です。

（1）円満タイプ

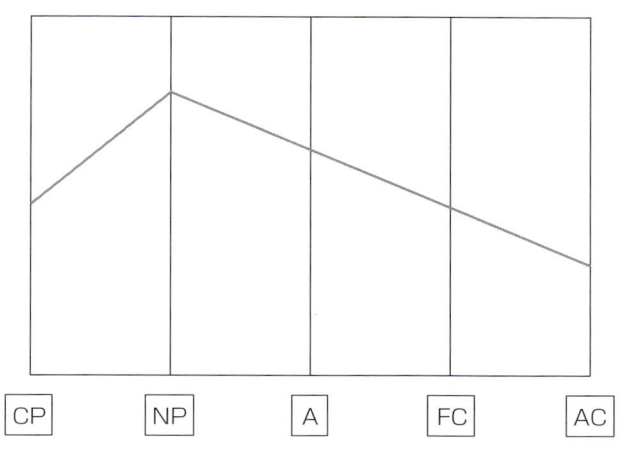

| CP | NP | A | FC | AC |

　優しく思いやりがあるので、人間関係においては理想に近いタイプです。
　図の形としては NP が最も高く AC が FC より低いことがポイントです。

（2）合理性タイプ

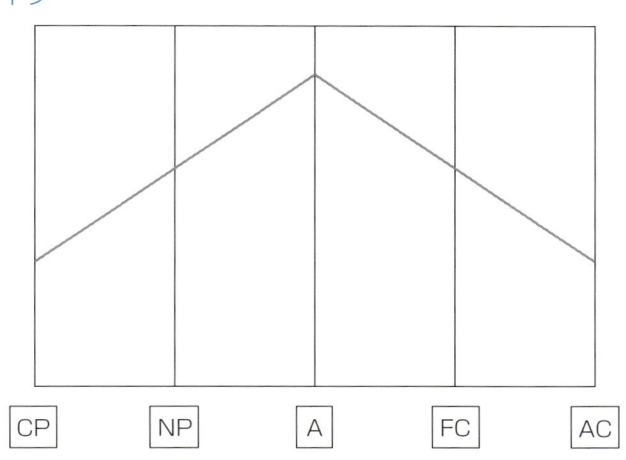

| CP | NP | A | FC | AC |

　合理的な考えを重視します。冷静で客観的な長所を持ちます。
　図の形としては A が最も高く、CP より NP が高く、FC が AC より高いことがポイントです。

第9章　交流分析

（3）明朗タイプ

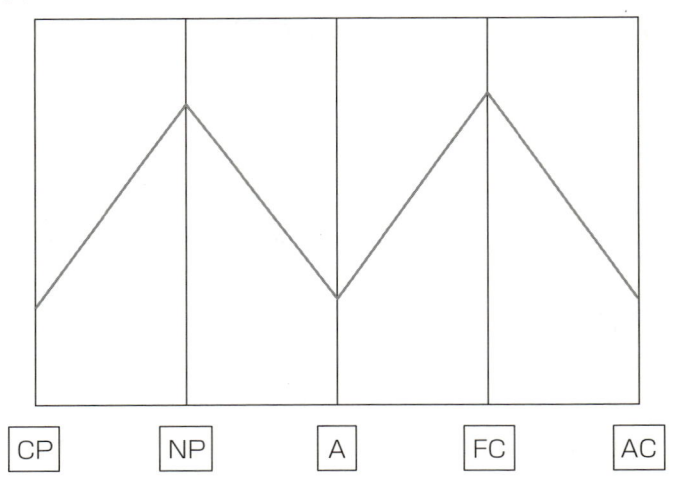

| CP | NP | A | FC | AC |

　明るく楽しい人が多いタイプです。比較的ストレスもたまりにくく、自ら楽しめるタイプです。
　図の形としては NP が CP、A より高く、FC が A、AC より高いことがポイントです。

（4）自己犠牲タイプ

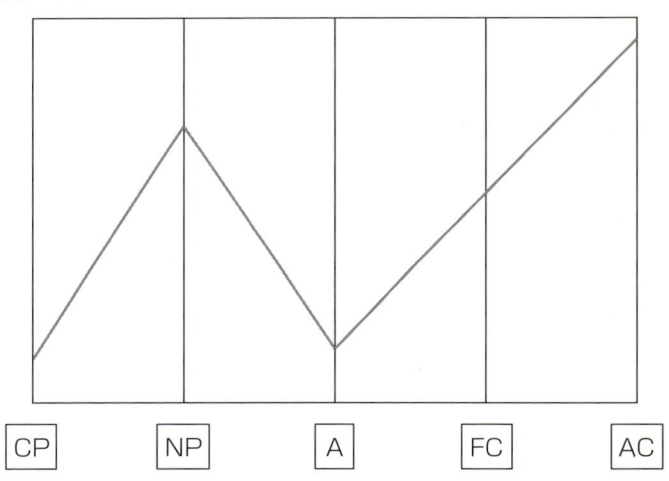

| CP | NP | A | FC | AC |

　自分を犠牲にしてでも、人に対してやさしくし、気配りができるタイプです。察することを大事にするため、自分が疲れてしまうこともあるでしょう。
　図の形としては、NP が CP、A より高く、FC より AC が高いことがポイントです。

（5）自己主張タイプ

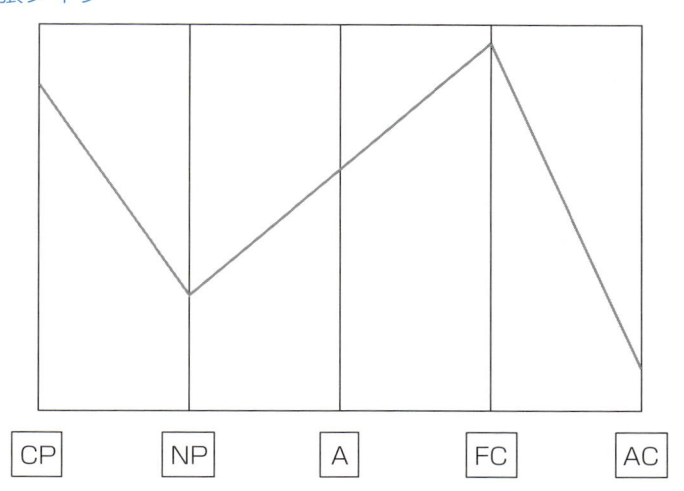

| CP | NP | A | FC | AC |

　自他ともに厳しいタイプです。責任感が強いのですが、人の気持ちより自己主張を優先してしまうので、対人関係でトラブルが起こることもあります。
　図の形としては、CPとFCが高く、NPとACが低いことがポイントです。

（6）葛藤タイプ

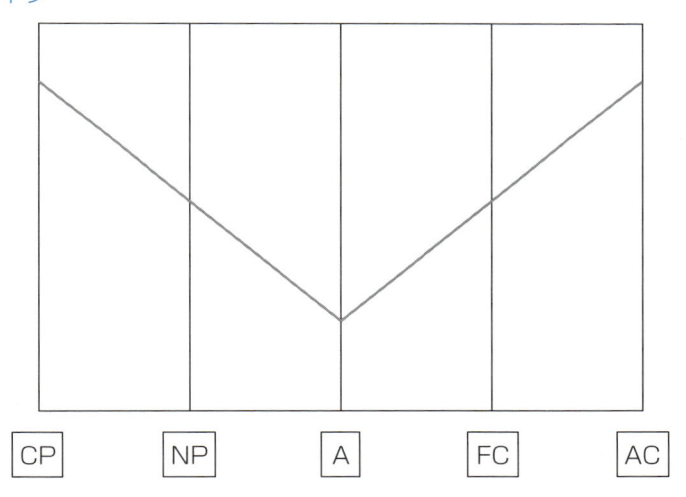

| CP | NP | A | FC | AC |

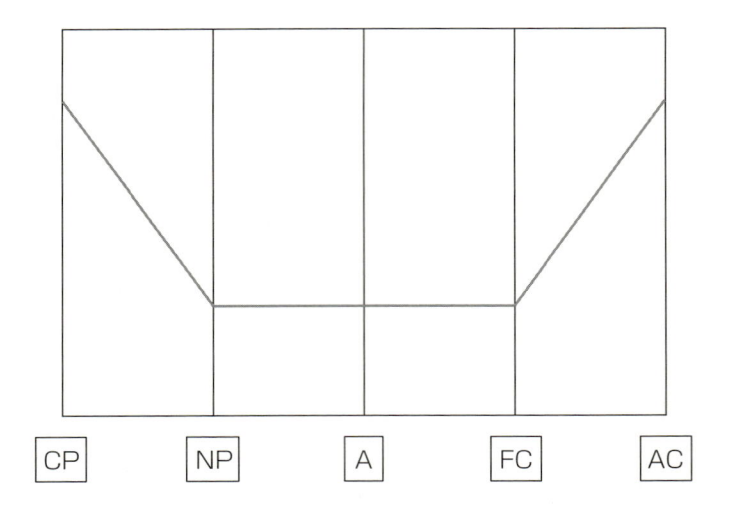

自分にも他人にも厳しく、ストレスを抱え込むタイプです。こうあるべきという考えを持っていて自分を責める時が多いです。
　図の形としては、CPとACが同様に高く、NP、A、FCが低いことがポイントです。

（7）苦悩タイプ

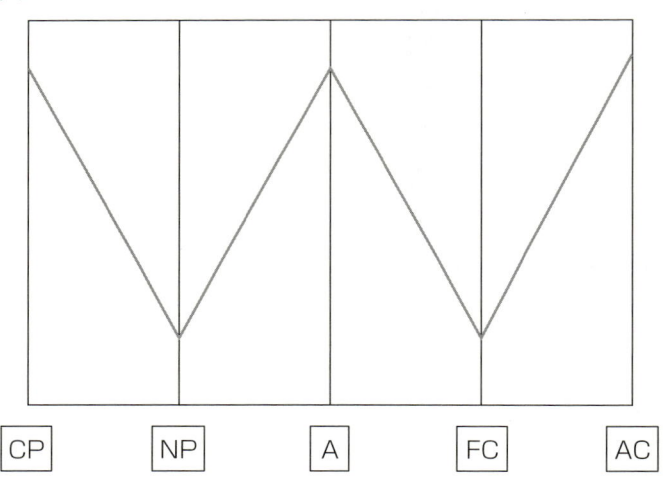

　完全主義の人が多く、また、こうあるべきとの思いと現実のギャップに悩むタイプです。
　図の形としては、CPとAとACが高く、NPとFCが低いことがポイントです。

（8）ワンマンタイプ

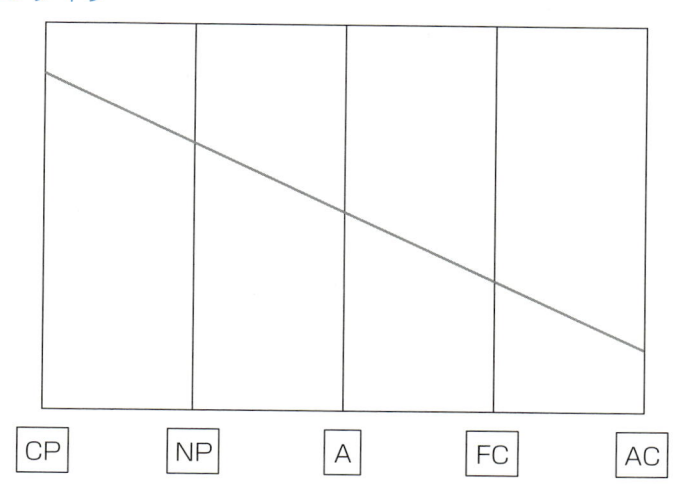

| CP | NP | A | FC | AC |

正義感も責任感もありますが、あまり融通が利かないタイプです。
図の形としては右下がりがポイントです。

（9）人頼みタイプ

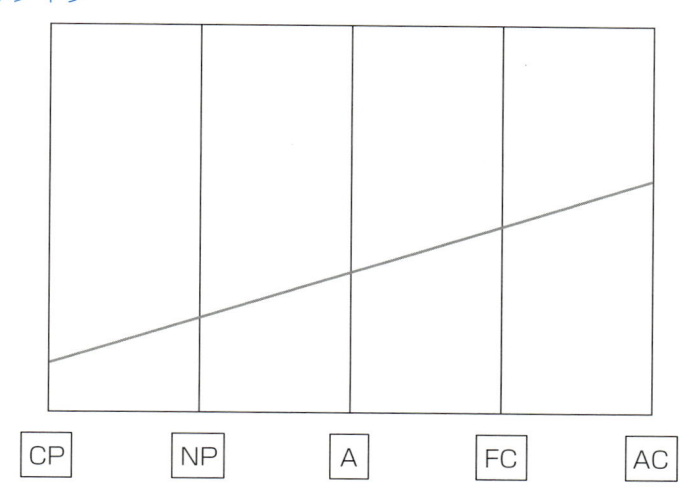

| CP | NP | A | FC | AC |

大人しく、人に気も遣いますが、リーダーシップをとったりすることは苦手なタイプです。
図の形としては右上がりがポイントです。

Column　人は一人では生きていけない

宿西俊宏（中学校教頭）

　ある講演会で、講師の先生が「人間にはみんなそれぞれに欠点があります。ところが、私にもあなたにも、また、違った国の人でも国籍人種に関係なくみんな同じ欠点が1つあります。つまり、人類共通の欠点が1つあるのです」というお話をされました。その欠点とは、「人間は、『一人では生きていけない』ということです」とおっしゃいました。だから、助け合わなければいけない。そのためには、「我慢」が必要であるともおっしゃいました。今の学校現場を見ていますと、たしかに「我慢」できないで、自分勝手な行動をとったり、すぐに「キレる」子どもが増えてきたように思います。また、就職しても自分に合わないとすぐに辞めてしまい、自分を変えることはせず、自分に合わしてくれる会社が見つかるまで探しているという話を聞いたこともあります。経済が豊かになってくると、心が貧しくなってくると言われますが、とても残念なことです。教育現場にいる者としてとても責任を感じます。

　「一人では生きていけない」という欠点は、言い換えれば人間の「本能」でもあるように思います。誰でも、誰かとつながっていたい。誰かに認めて欲しいのです。でも、そう言っている私も実は、「一人では生きていけない」と思うようになったのは、つい最近のことです。私事で申し訳ありませんが、自分自身悲しい出来事があり、かなり落ち込んでいた時に気がついたのです。私はたくさんの方々に支えられて生きている。今までも思い起こせばずっとそうだった。私は生かされているんだとも思うようになりました。「『人』という字は、支え合ってできている。人は人と人の間でしか生きていけない。だから『人間』と書く」と、いったこともなるほどなと思います。

　ところで、今、社会はめまぐるしく変化しています。「教育」の現場でもそれは当てはまります。これから難しい時代だとよくいわれます。確かにそうかもしれません。でも、私は、大事なことや大切なものは昔から変わっていないと考えています。「不易」と「流行」という言葉がありますが、「不易」の部分を大切にしていきたいと思っています。それは、「いのち」であったり、「こころ」であったりします。「こころ」といっても漠然としてますが、「人の痛みがわかる」ということです。つまり、「共感性」です。子供たちでも、「〇〇と△△は違う」といったように、「違い」についてはよくわかります。しかし、相手の立場に立ったり、共感することは苦手です。

　では、共感性を育てるためにはどうすればいいのでしょうか。そのためには、「目と目を合わせる」ことが大切であると聴いたことがあります。目と目を合わせて対話することです。目と目を合わさないと人の気持ちはわかりません。共感性は育ちません。例えば、「メール」はとても便利で、私もよく利用します。しかし、「メール」によるいじめや誹謗中傷が問題になっています。それは、内容によっては簡単に人を傷つけ、また、傷つけたことに気づかないこともあるか

らです。時間も 24 時間相手の都合にお構いなしに送ることができるからです。目と目を合わせて会話する方がメールより煩わしいかもしれません。でも、煩わしいからこそ、人の気持ちがわかるのではないでしょうか。「聴く」という字も、「耳」+『目』+「心」でできています。学校では、「人の話を聴く時は、ちゃんと話す人の『目』を見て聴くように」と、子どもたちに話をします。そして、もう1つ「共感性」を育てるためには、「うそをつかない」ことが大切です。「うそをつく」ことは、人を裏切ります。人の気持ちを踏みにじります。このように、よく考えてみると、大切なことは小さい頃から大人になっても変わらないということです。昔から言われていることや親から言われたことは、やはり大切なことなのです。

　また、学校現場では、子供たちに、「生きる力」を身につけるため、日々、教育活動が展開されています。「生きる力（確かな学力）（豊かな心）（健やかな体）」を身につけるための1つの学習方法として「言語活動」の重要性がいわれています。それは、全国学力・学習状況調査やPISA調査の結果、「思考力・判断力・表現力」が低下傾向にあることがわかり、そして、その「思考力・判断力・表現力」の基盤が「言語活動」だからです。「言語活動」はコミュニケーションや感性・情緒の基盤でもあり、「コミュニケーション能力」につながっていきます。この「コミュニケーション能力」も、「一人で生きていけない」という欠点を補う大切な要素の1つであり、これからの社会で必要とされる大切な能力でもあります。

　「人は一人では生きていけない」だから、「我慢」が必要であったり、「共感性」や「コミュニケーション能力」が大切になってきます。他にも大切なことはありますが、本当に大切なものは目に見えないものなのかもしれません。そして、それは、昔から変わることなく、これからもずっと変わらない「不易」なものだと思います。

　平成23年3月の東日本大震災では、改めて「絆」、「つながり」の大切さが再認識されました。「絆」、「つながり」も不易なものです。「人は一人では生きていけない」誰だって、誰かとつながっていたいのです。つながっているから、自分一人ではないという安心感があり、自分をありのままに受け止めてくれる誰かがいるからがんばることができるのです。

　日々、「教育現場」で毎日子どもたちと接している者から、大学生の君たちへ、少しでも参考になれば幸いに存じます。

第10章
コーチング

> **ねらい**
> 1. コーチングの目的。
> 2. コーチングによるタイプ分けアプローチ。
> 3. 自分のタイプを知ろう。

1. コーチングの目的

　コーチングは、相手の自発的行動を促進させるためのコミュニケーションの技術です。どうすれば相手の潜在力を引き出せるかを考え実践する方法です。

　コーチングが本格的に登場したのは1980年代後半の米国です。米国企業は長引く不況下、経営革新の方法を模索していました。G.E.のジャック・ウェルチ会長も、「今後、管理職に必要となるのは、コーチとしての資質です。部下のエネルギーを引き出す力を備えなければならない」と語っています。

　「コーチ」とは、人の自発的な行動を促せる人、つまり相手の中にすでにある答えや能力を引き出すことができる人です。コーチングの定義で「引き出す」とは、相手さえもまだ気づいていない自分の内側に眠っている意識に焦点をあて、行動にむすびつけていくことです。

　コーチングを行ううえで注意しなければならないことは、すべての相手に同じタイプのコーチングを行ってはならないということです。タイプ別にコーチングのパターンを分けるこつが必要です。

2．コーチングによるタイプ分けアプローチ

　コーチングの世界ではよく、いくつかのタイプに相手を分けることを行います。代表的な分類方法として、（1）コントローラータイプ、（2）プロモータータイプ、（3）サポータータイプ、（4）アナライザータイプというタイプ別に分ける方法があります。

　コントローラータイプはトップダウン型リーダで、状況は自分がすべて把握しコントロールしたい、人からコントロールされることは嫌だと思うタイプです。

　プロモータータイプは人から注目されることが好きで、話の中心になりたく人に影響を与えたいタイプです。また新しいアイディアを試したり、新しい仕事に挑戦したりすることが好きです。

　サポータータイプにとって、人間関係が何より大切です。このタイプにとって、ぎすぎすした人間関係は何より避けたいと思い、規則や仕事の中身よりも円満な人間関係を重視します。

　アナライザータイプは直ぐに行動に移さず、多くの情報を集め分析し、論理的に考えることを重視します。常に慎重に構え、完全を目指します。

　次に各タイプにどのようにコミュニケーションをとったらいいかを具体的に示します。**コントローラータイプ**には、単刀直入に結論から入って時間を取らせないことが肝要です。経営者の中に、部下からの報告時間を3分に限定したり、A4の紙一枚に絞ったりすることを要求する人を多く見かけますが、これはコントローラータイプの特徴です。

　プロモータータイプは細かいことはいわずにざっくりとビジョンを伝えると喜ばれます。また相手にどんどん話させ、自分は主に聞き役に回ると円滑なコミュニケーションが取れます。

　サポータータイプには、合意形成を重視し、常に周囲と合意がとれていることを伝え安心させると、スムーズなコミュニケーションが取れます。

　アナライザータイプには、根拠を示し客観的論理的に話を進めることが重要です。数字の裏づけをもって議論する姿勢も重要です。

3．自分のタイプを知ろう

①全然当てはまらない、②あてはまらない、③ふつう、④あてはまる、⑤よくあてはまる のいずれかを選んで、縦に合計を計算してください。

	コントローラー	プロモーター	サポーター	アナライザー
完璧にしないと気が済まない	①②③④⑤			
競争心が強い	①②③④⑤			
行動は早い方である	①②③④⑤			
自分が思うことははっきり主張する	①②③④⑤			
人の意見を聞くより自分の意見を述べる方である	①②③④⑤			
人から楽しいと言われる		①②③④⑤		
失敗しても立ち直りが早い		①②③④⑤		
新しいことにチャレンジすることが好き		①②③④⑤		
自分は情熱的だと思う		①②③④⑤		
環境の変化に適応することが早いと思う		①②③④⑤		
友達に親切にすると感謝されたいと思う			①②③④⑤	
人から頼まれるとなかなか断われない			①②③④⑤	
人と対立すると思うと自分の意見を主張しない			①②③④⑤	
人の気持ちを考えて行動する方である			①②③④⑤	

	コントローラー	プロモーター	サポーター	アナライザー
直観力はある方だと思う			①②③④⑤	
自分は人の意見に流されず自分の意見を持つ方である				①②③④⑤
行動する前に多くの情報を収集して分析する方である				①②③④⑤
感情表現は苦手である				①②③④⑤
系統だったことや規則性を好む				①②③④⑤
人になかなか気を許さない方である				①②③④⑤
合計得点				

合計得点が最も高い所に自分の性格が属すると考えてみてください。最も高いものが複数あった場合はそれぞれの側面を持っていると考えてみてください。またこれも性格分析の一例に過ぎないので、そのような見方もあるという程度の認識でよいかと思います。

> **トレーニング**　実際にやってみよう！
>
> 1. 自分の性格がプロモーターで、上司がコントローラーの時、どのような点に注意して仕事の報告をすればよいと思いますか？
>
> 2. 自分の性格がプロモーターで、上司がアナライザーの時、どのような点に注意して仕事の報告をすればよいと思いますか？
>
> 3. 自分の性格がサポーターで、上司がコントローラーの時、どのような点に注意して仕事の報告をすればよいと思いますか？
>
> 4. 自分の性格がサポーターで、上司がアナライザーの時、どのような点に注意して仕事の報告をすればよいと思いますか？

Column　目標＋努力＝夢の実現

木元正均（登山家）

　2011年5月20日4時50分、私は万感の思いでエベレスト山頂に立ちました。
「お母さんありがとう！」と思いっきり叫んだつもりでしたが、涙が溢れ、喉が詰まり声が出ませんでした。そして渾身の力で妻と娘の名前を呼び、「I LOVE YOU」と叫びました。満天の星がきらきら光りながら祝福してくれました。満月に近いお月様が生中継で私の無事登頂を家族に、そして私を見守っている多くの方々に伝えているように感じました。

　「なぜ山に登るの？」は登山者にとって永遠のテーマです。「そこに山があるから」という名言もありますが、私にはたくさんの時間とお金を使って、命の危険まで冒しながらエベレストに登らなければならない理由がありました。私は生まれてはならない運命でしたが、貧乏と母の母性愛のお陰でこの世に生を受けました。父は病気で仕事ができなかったので母が女の細腕で私たち5人姉弟を育ててくれました。1950年代、中国が食糧難で大変だった時期、母はいつも朝ごはんを抜きにしながら先に食べたとうそを言っていました。零下30度の冬の日も落ち豆、落トウモロコシを拾いに山の畑に出かけました。手足のあかぎれに生味噌をすり込む母の姿が幼い私の目に焼きつきました。

　大きくなったら必ず母を楽にしてあげると何度誓ったかわかりません。母を幸せにしてあげる目標が私たち兄弟の生きがいでした。私と弟が来日して母を日本に呼ぶ手続きをしている最中に、母は脳出血で倒れました。日本へのビザが下りた時にはすでに時遅かったのです。姉たちのおかげで大学に行けた私は3人の姉と義兄たちを日本へ招待しました。姫路城の桜、京都の古寺、雪の大谷ウォーク、黒谷温泉、東京ディズニーランドなど精いっぱい案内しました。恩返しにはなりませんが、ありがとうとお礼が言えてうれしかったです。しかし、母は日本へ来ることができませんでした。くやしくて残念極まりなかったです。私は決めました、天国に一番近いエベレスト山頂で「お母さんありがとう！」ということを。

　エベレストに登るのは言うまでもなく容易なことではありません。強靭な精神力も必要ですが、体力と登山技術のトレーニングも欠かせません。私が本格的な登山をはじめたのは4年前です。土日と祝日そしてお盆休みを利用して2年半で日本100名山を踏破しました。海外の高い山をはじめて1年半でエベレストに登頂できました。1日1つの山を登るのが常識ですが、私は1日2つ、3つの山を駆け足で登りました。南アルプスを縦走する時、夜通しに連続30時間以上歩きました。夜間登山は危険ですが、常識の山登りをしていてはエベレストに登れないと思いました。いかなる過酷な状況においても乗り越えて生きて帰る為には普段からきびしい登山

をする必要があったのです。100キロウォーキングを3回、130キロウォーキングを1回完歩しました。毎朝30kgの砂袋を背負って3kgの重りを足につけて家の近くのお旅山（海抜140m）を駆け足で登りました。こういう中で少しずつ強靭な精神力と体力を作り上げることができました。

すでに300人近くの方々がエベレスト挑戦で亡くなっています。チベットルートの8,300mの最後のキャンプから山頂までの間に18の遺体が登山道に横たわっています。3,000mの下まで切り立っている断崖絶壁を横切る時、髪の毛が逆立ち足がすくみます。死の鬼門といわれる8,650m付近の第2ステップでは登頂をあきらめて帰ってしまう人もいます。日本を出発する時、絶対無事に帰ると約束はしたものの、そんな保証はどこにもありません。クレパスに滑落し死にそうになったこともありました。霊峰の女神に手足の指を何本か捧げないと登らせてくれないだろうという覚悟もできていました。しかし、私は何の怪我も凍傷もせず五体満足で日本に戻ることができました。家族と大勢の方々の願い、祈りが私を守ってくれたに違いありません。本当に感謝また感謝です。

常に目標を持って、一生懸命に努力すれば夢は必ず実現します。何か困難にぶつかった時、限界だとあきらめるのではなく、もう一歩踏み出す勇気と本気が必要だと思います。自分の好きなことに、自分の夢に命を懸けるというのは素晴らしいことだと思います。大きな夢もコツコツの小さな努力が運んでくれます。8,848mのエベレストもいってみれば140mのお旅山のお土産でした。エベレストの夢を達成するまでには、親兄弟妻子をはじめ、多くの方々の声援とお導きがありました。エベレストは決して私一人で登れたものではありません。エベレストへの挑戦は、結局は自分への挑戦で自分との戦いでした。この山々での感動と山頂での達成感は何よりの幸せでしたが、同時に大自然の警告と懲罰も大事な宝物でした。これからは見えないマイエベレスト、人生の目標への挑戦です。山で教わった経験と山からもらったパワーを自己啓発と日常生活に生かしながらマイエベレストに向かって頑張っていきたいと思っています。

第 11 章
グループディスカッション

> **ねらい**
> 1．話す力と聴く力。
> 2．交流分析、コーチングを用いたグループディスカッション。

1．話す力と聴く力

　グループディスカッションは、近年多くの学校や企業面接、企業研修で実施されています。経験されている方も多いかと思います。自分の意見を述べるプレゼンテーションとは異なり、グループディスカッションにおいては自分の役割を認識し、グループ全体において何に貢献できるかを考えなければなりません。そのため、話す力以上に聴く力やグループの雰囲気を感じ取る力が必要となります。

　企業のグループ面接においても周囲の雰囲気を無視して、自己主張する学生はまず面接を通ることはありません。周囲の話をどの程度深く聴いているか、そのうえでどのタイミングで何を話すことがグループ全体に対して貢献になるかを考えながら発言することが求められます。つまり、協調性と自分の考えを述べることの双方が必要となるわけです。第1章で述べた和心について思い出してください。

2．交流分析、コーチングを用いたグループディスカッション

　第9章と第10章で紹介した心理学に基づいた分析方法をグループディスカッションに用いたら興味深い結果が得られました。われわれは大学の授業で、交流分析、コーチングによる性格分析の結果を用いてグループ分けを試みました。性格分析の結果、同じタイプの学生ばかり集めた場合と、違うタイプの学生を集めた場合では、明らかに異な

るタイプの学生を集めた場合の方が、発展的な議論を展開するという結果になりました。同じタイプの学生を集めた場合は、自己主張がぶつかり合って話がまとまらなかったり、誰も意見をださないグループがほとんどでした。性格分析を持ち出すまでもなく、このような経験をされた方は多いのではないでしょうか？　自分を知り、相手を知ることがグループディスカッションのみならず、コミュニケーションにおいてもとても重要であることが再確認できました。交流分析やコーチングといった方法は現代、普及しているので本書では紹介しましたが、別の方法でグループ分けした結果を用いてグループディスカッションを行っても面白いと思います。

　われわれが授業で実際に用いたグループディスカッションのテーマを、次のトレーニングで紹介しましたので、是非やってみてください。手順を述べますと、参加者はまず与えられたテーマについて、自分の意見を書きます。次にグループディスカッションを行ってもらいます。90分授業ではだいたい20分から30分グループディスカッションのために時間を取りました。次にグループディスカッションの結果、参考になったことなどについて書いてもらいます。次に各グループによる発表を行い、その感想を書いてもらいます。最後にグループディスカッションと各グループによる発表の前と後とで自分の意見の比較を行って終了します。

　次のトレーニングでは、5つのテーマを紹介しました。各テーマには正解というものは存在しません。参加者の自由な意見を書いて頂きます。

トレーニング　実際にやってみよう！

テーマ１

グループ番号		学籍番号		氏名	

あなたは企業の管理職です。先般の人事異動であなたの部下に、あなたが入社当時お世話になった、同じ大学の同じサークルの先輩が配属されてきました。その人は会社の処遇に不満を持っているようです。仕事にも前向きではなく、周囲とすぐに口論します。あなたはこの部下とどのようにコミュニケーションをとっていきますか？

（１）テーマ１について、自分の意見を書いてください。

（２）グループディスカッションで同じ班の人の意見を聞いて参考になったことを書いてください（同じ班の誰の意見が参考になったのかその人の名前も書いてください）。また自分の意見が変わった人はどのように変わったのか書いてください。

（３）他の班の人の発表を聞いて、特に印象に残ったこととその感想を書いてください。

（４）全体を通して何か気づいたことがあればそれを書いてください。また、最初と最後で自分の考えが変わった人はどう変わったのか書いてください。

テーマ2

グループ番号	学籍番号	氏名

百貨店の出店について、コンセプト、具体的な出店先等、提案してください。

（1）テーマ2について、自分の意見を書いてください。

（2）グループディスカッションで同じ班の人の意見を聞いて参考になったことを書いてください（同じ班の誰の意見が参考になったのかその人の名前も書いてください）。また自分の意見が変わった人はどのように変わったのか書いてください。

第2部 実 践 編

（3）他の班の人の発表を聞いて、特に印象に残ったこととその感想を書いてください。

（4）全体を通して何か気づいたことがあればそれを書いてください。また、最初と最後で自分の考えが変わった人はどう変わったのか書いてください。

テーマ３

グループ番号		学籍番号		氏名	

あなたは入社10年目の営業成績がトップクラスの営業マンです。現在の上司の無能さぶりにはうんざりしていて人間関係に疲れています。今の会社は一応、終身雇用が前提となっています。そのような折、あるヘッドハンティングの会社から、現在の年収の3倍で転職の誘いがありました。ただし契約期間は2年で営業ノルマが良いとさらに2倍の年収となり契約期間はさらに3年延長になります。あなたならどのような決断をしますか？

（１）テーマ３について、自分の意見を書いてください。

（２）グループディスカッションで同じ班の人の意見を聞いて参考になったことを書いてください（同じ班の誰の意見が参考になったのかその人の名前も書いてください）。また自分の意見が変わった人はどのように変わったのか書いてください。

第２部　実　践　編

（3）他の班の人の発表を聞いて、特に印象に残ったこととその感想を書いてください。

（4）全体を通して何か気づいたことがあればそれを書いてください。また、最初と最後で自分の考えが変わった人はどう変わったのか書いてください。

テーマ4

グループ番号		学籍番号		氏名	

新しいテーマパークについて提案してください。

(1) テーマ4について、自分の意見を書いてください。

(2) グループディスカッションで同じ班の人の意見を聞いて参考になったことを書いてください(同じ班の誰の意見が参考になったのかその人の名前も書いてください)。また自分の意見が変わった人はどのように変わったのか書いてください。

（３）他の班の人の発表を聞いて、特に印象に残ったこととその感想を書いてください。

（４）全体を通して何か気づいたことがあればそれを書いてください。また、最初と最後で自分の考えが変わった人はどう変わったのか書いてください。

テーマ5

グループ番号		学籍番号		氏名	

あなたは保育士です。あなたが務める保育園で最近、笑顔を見せない子供が増えています。あなたはどのように対応しますか。

（1）テーマ5について、自分の意見を書いてください。

（2）グループディスカッションで同じ班の人の意見を聞いて参考になったことを書いてください（同じ班の誰の意見が参考になったのかその人の名前も書いてください）。また自分の意見が変わった人はどのように変わったのか書いてください。

（３）他の班の人の発表を聞いて、特に印象に残ったこととその感想を書いてください。

（４）全体を通して何か気づいたことがあればそれを書いてください。また、最初と最後で自分の考えが変わった人はどう変わったのか書いてください。

Column　異文化コミュニケーション～司法通訳人の視点から～

峯瀧道子（司法通訳者）

　私は英語の通訳人として、裁判所、検察庁、弁護士会、警察等、いわゆる司法と呼ばれる世界で英語を話す外国人被告人（被疑者）及び外国人事件関係者（参考人）と裁判官、検察官、弁護人、警察官等との間のコミュニケーションの橋渡しをしています。日本の法律では国語を理解しない外国人被告人に通訳人をつけることが定められています。刑事事件だけではなく、外国人がビジネスをしているところにトラブルが発生すれば民事事件の法廷通訳をすることもありますし、入国管理局等の行政機関の処分が不服であり処分取り消しを外国人が訴えれば行政事件の通訳をする時もあります。このように私の場合は、司法という一般の人からすると特殊な世界で、外国人という異文化を背景に持つ人たちとのコミュニケーションの橋渡しをしているわけですが、その際に私が気をつけていること等を御話しさせて頂ければと思います。

　まず、司法通訳ということで当然法律の知識がある程度必要となってきます。それを自分の言葉でわかりやすく外国の人に伝え、説明できる力が求められるのです。同じ制度の説明であっても、それを伝える人それぞれの言い方が違いますのでどのような説明の仕方をされても理解し、外国語で伝えなければなりません。そのためには自分でしっかりと内容を理解し、わかりやすい表現を使うようにするなど心がけています。法律の手続きというのは私たち日本人にとってもなかなか複雑で理解することが難しいことがあります。外国の人にしてみれば、日本の法制度が理解できなくて、自国の法制度との相違にとまどうことも多く、なぜ自分がこのような扱いを受けなければならないのかと憤り、不信感をもたれてしまうこともあります。そのような時に、その人が理解できないこと、疑問に思っていることについて、その人がわかるような形でコミュニケーションをとることができればその人はどれほど安心できることでしょうか。難しいことをやさしい、シンプルな言葉で表現することが大切で、そのことをいつも考えながら通訳をするようにしています。

　また、一言で外国人といってもその国籍は様々で、英語が母国語とされている米国、イギリス、カナダ、オーストラリア等だけではなく、母国語は現地の民族語（例えばイボ語）だけれど英語が公用語となっているアフリカ諸国の人々もおられます。外国人被告人（被疑者）の母国語で通訳をすることが原則ですが、イボ語等の少数言語の場合、通訳人の確保が困難なため、被告人が英語を理解することができれば英語の通訳人を選任するのが一般的となっています。英語が母国語でない外国人被告人の方たちの場合、どうしても表現や語彙が限定されてしまうことがあり、難しい法律用語の訳などもそのまま通訳しても通じないこともあります。そのため私は、なるべくこまめに英英辞典を引き、よりシンプルでわかりやすい言い方を準備できるようにしていま

す。つまりその人が理解できなかった時のためにできるだけ多くの言い回しや説明の仕方を提供できるようにしているのです。日々の通訳業務から、異文化コミュニケーションを円滑に成立させるにはきめ細かい配慮が求められると実感しています。

　私は日々、日本語と英語を使って通訳という異文化コミュニケーションの橋渡しをしているのですが、考えてみれば、たとえ異文化間交流ではなく、日本人同士であったとしても、そもそも法廷という場所は、一般人の感覚からしてみても、非日常的な空間であり、それ自体が異文化なのだという気がします。そしてそこで交わされる会話も一般人からすればやはり非常に違和感あるものではないでしょうか。

　それでも日本の刑事手続きの対象となってしまった外国人の方たちのために、できるだけ納得のいく手続き保障（due process of law）を提供する一助になればと思い、苦しいことも多いのですが、続けていければと思っています。

おわりに

　本書を書くに至って、多くの方から励ましの声を頂きました。その最大のサポーターは、私が教えてきた学生です。私がコミュニケーション論(及び基礎)を大学の授業で試行錯誤している中、本章のいくつかの章は誕生しました。授業の回を重ねるたびに、生徒の話す力、書く力、聞く力が向上してくることを実感しました。私の授業では、参加型の授業を心がけています。私が一方方向に講義するのではなく、授業の多くの時間を、学生がプレゼンテーションやグループディスカッション、あるいは自分の意見を書くことに費やしています。どのようにすれば、学生が自分の言葉で自分の気持ちを語ってくれるのかということに、私は意識を集中しました。

　私は、現代の学生にコミュニケーション能力が欠けているとは思いません。彼らが何を求めているのかを察し、名前を覚え、絶えず交流することを心がけていると、自然と心の扉を開いてくれます。教師と学生が一体になることで、学生のコミュニケーション能力が向上することを私は学びました。

　特にゼミ生には、本書のコラムで登場する方々や共著者の岩波薫氏を社会人講師として授業にお呼びし、交流する機会を設けました。社会人講師との交流が彼らを成長させました。企業経営者、マナー講師、日本舞踊家、ファイナンシャルプランナー、司法通訳者、登山家など多岐にわたる分野で活躍する方々と交流することで学生の好奇心は旺盛となり、自分の進路について考えるうえでのヒントにしてくれるようになりました。

　また本文で紹介した、「日本最古熊野古道修行体験ツアー―古事記編纂1300年を知る―」にゼミ生と一緒に参加し、禊を経験し、日本の伝統文化について語り合う機会も持ちました。学生、教員共々、自然に対する畏敬の念を忘れてはならないという思いを再確認しました。

　本書は著者、コラムに登場する各界で活躍する社会人の方々そして学生と一体となって執筆致しました。

コラムを執筆して頂いた、山本えり氏、西川影戀氏、永濱修氏、前野彩氏、村岡真千子氏、木南一志氏、後藤有美氏、冨塚千秋氏、若生真理子氏、沖中美喜氏、宿西俊宏氏、木元正均氏、峯瀧道子氏の皆様に御礼申し上げます。また、学生でボイスを執筆して頂いた近畿大学経営学部峯瀧ゼミの濱口大樹君、大西祐也君、藤城智也君、並びにインタビューを手伝って頂いた同、浦長瀬彩絢さん、占部勝也君に感謝致します。

近畿大学経営学部教授
峯瀧和典

索 引

A–Z

CREC法	102
Neuro-Linguistic Programming	76
NLP	76
OJT	46
PDCAサイクル	26

あ

憧れるということ	55
筏下りと山登りモデル	23
イタキモ	84
異文化コミュニケーション	140
印象を際立たせる	104
衛生要因	16
オペランド条件付け	39
おもてなし	8
表 博耀	v

か

外見のチェック	103
キャリアデザイン	21, 22
キャリブレーション	76
クライアント（相手方）中心	72
傾聴の3つの条件	73
告白	41
古典的条件付け	39
コミュニケーション	31
コミュニティー	46

さ

時系列法	102
自己紹介	89
――の三本柱	89
――の内容作り	91
自己認知	34
自己認知の歪み	36
――改善	38
自動思考	36
自分の本物化	49
司法通訳人	140
社会の中の絆	46
就職面接	91
消去動作	63
条件付け理論	38
ジョハリの窓	40
自律訓練法	62
――の公式	63, 64
推論の誤り	36
スキーマ	36
ストレスマネジメント	41
スピーチ	97
スポーツ根性もの	90
生育歴	37
セルフコントロール	41

た

第一印象	106
多様性と個性	52

長時間労働の影響	24
動因	15
動機付け要因	16

な

内観法	64
仲間（COMPANY）	93
成瀬悟策	42
苦手な相手に対するイメージ変換	79
日常会話の重要性	86
日本型経営	46
日本の伝統的な修行法	70
二要因説	16
能力開発	24

は

働く目的	45
バックトラッキング	77
非言語コミュニケーション	95
非指示的反対の原則	73
フォロワーシップ	19
プチ内観（体験内観）	67
武道と型	52
プレゼンチェックシート	99
プレゼンテーション	97
────の流れ	99
ペーシング	77
返報性の法則	89
ホールパート法	101
本論の構成法	100

ま

マズローの欲求の5段階説	16
身調べ	64
ミラーリング	77
メラビアンの法則	32
メリハリある話し方	103
メンタルヘルス	61
モチベーション	15
モデリング理論	39

や

誘因	15
予期不安	37

ら

ラポール	71
────形成	75
リーダーシップ	18
リーディング	77
リフレーミング	78
ロジャーズ（Rogers, C.R.）	72
論文法	102

わ

ワークライフバランス	23

著者紹介（執筆分担）

岩波　薫（いわなみ　かおる）　担当：はじめに、第2章～第8章、第5章コラム 
　大学非常勤講師
　◇学　　歴　関西大学経済学部卒業　大阪市立大学大学院法学研究科前期博士課程修了（法学修士）　大阪大学大学院法学研究科後期博士課程修了（法学博士）
　◇経　　歴　日本生命保険相互会社勤務（内勤総合職）。㈱富士エージェンシー出向（東京広告事業部）。フィロソフィア経営法務研究会チーフコンサルタント。近年は教育業務に注力しており、大学の他、公務員受験講座や医学部受験専門予備校でも教鞭を執る。
　◇所属学会　日本行政学会、日本比較政治学会、日本キャリアデザイン学会、政策分析ネットワーク、泉北ニュータウン学会

峯瀧和典（みねたき　かずのり）　担当：第1章、第9章～第11章、おわりに 
　近畿大学経営学部キャリアマネジメント学科教授
　◇学　　歴　大阪市立大学経済学部卒業　大阪市立大学大学院経済学研究科前期博士課程修了（経済学修士）兵庫県立大学大学院応用情報学研究科後期博士課程修了（博士（応用情報科学））
　◇経　　歴　株式会社ニッセイ基礎研ニューヨーク　シニア・エコノミスト。㈱富士通総研経済研究所　主任研究員。内閣府経済社会総合研究所　研究官。総務省情報通信政策研究所　特別研究員。東京医科大学　客員准教授。
　◇所属学会　日本地域学会、経営情報学会
　◇そ の 他　シンクタンク和道　和学学会理事長

コラム執筆者（50音順）

沖中美喜（おきなか　みき）　第8章 
同志社大学　経済学部卒業後、新卒で全日本空輸(株)に客室乗務員として入社。
成田空港支店所属で国際線を担当。現在は、ANA総合研究所　客員研究員。
関西の様々な大学で講師としてホスピタリティ論、エアラインサービス論などの講義を行っている。

木南一志（きみなみ　かずし）　第4章 
株式会社新宮運送代表取締役社長
姫路西配送センター事業共同組合理事長
西はりまライオンズクラブ会長
養心の会播磨　代表世話人
平成21年　エコドライブコンテスト環境大臣賞受賞
平成22年　全日本トラック協会　鈴木賞受賞

木元正均（きもと　せいきん）　第10章 
昭和30年、中国吉林省龍井市生まれ。吉林大学と同大学大学院で日本語を専攻し、大連外国語大学日本語学部の専任講師となる。平成19年から本格的な登山をはじめ、平成23年5月20日4時50分エベレスト（チョモランマ・珠穆朗瑪峰・8,848m）登頂に成功。現在(株)マルセイ代表取締役。「ふれあい山歩こう会」代表。

後藤有美（ごとう　ゆみ）　第6章 
Gateway navigator。手波法タッチセラピスト・ボイスセラピストとして自身の個性を活かしたライフワーク展開で、心身変革をサポートする。誘導中の声の心地よさに定評があり、雑誌・新聞・ラジオ等メディアで紹介される。DVD誘導出演、CDナレーション誘導、ラジオ出演、講演、セミナー、女性の身体講座開催。
http://www.la-sophia.co.jp/yumi/

宿西俊宏（しゅくにし　としひろ）第9章
姫路市立東光中学校教頭。
横浜国立大学教育学部卒。

永濱　修（ながはま　おさむ）第2章 
永濱時計店5代目。
厚生労働省卓越技能賞（現代の名工）受賞。黄綬褒章受賞。
姫路市技能功労賞受賞。
兵庫県技能顕功賞受賞。

前野　彩（まえの　あや）第2章 
ファイナンシャル・プランナー。
http://fp-will.jp/mama.html
FPオフィスwill代表。CFP。中学・高校の養護教諭からファイナンシャル・プランナーに転身。現在は子育て家庭や女性の家計相談・セミナーにて活躍中。子ども向けマネー教育にも力を注ぐ。著書は『ズボラでも大丈夫！書き込み式 一生役立つお金のキホン』（日本経済新聞出版社）。

村岡真千子（むらおか　まちこ）第3章 
フリーライター。大阪府枚方市出身。同志社大学文学部卒業後、編集の教室に通う。大阪の編集プロダクションで2年、京都の出版社で3年の勤務を経た後、フリーライターに転身。京都の文化や観光情報を中心とした執筆活動に取り組む。

若生真理子（わこう　まりこ）第7章 
大阪府生まれ。三井物産株式会社で営業アシスタントを経て営業部長秘書。退職後、専門学校講師、社員研修等に携わる。現在、プール学院大学短期大学部、大阪学院短期大学、神戸常磐大学において非常勤講師としてビジネス実務領域についての講義を担当。神戸大学大学院修了。

冨塚千秋（とみつか　ちあき）第6章 
ビジョンヨガインストラクター。
http://heart-point.com
三つ子の魂百までプロジェクト山城古の国代表。ビジョンヨガとは、「バースビジョン＝天命（使命）を見つけ、進んでいける心とカラダつくり」また、妊婦前からの環境や、0才児〜教え込む教育ではなく、本来持っている力を引き出す心とカラダつくり「三つ子の魂百まで」の子育ての活動なども行っています。

西川影戀（にしかわ　えいれん）第1章 
6歳より日本舞踊を始め、茶道、クラシックバレエ、タップダンス、和洋様々なジャンルの芸術を学ぶ。
国内外の数々の舞台に出演。日本舞踊をとりいれたコラボレーション企画、演出等も手がける。
西川流師範。帝塚山大学講師。表千家講師。平成23年7月に「京都おもてなし大使」就任。

峯瀧道子（みねたき　みちこ）第11章 
英語司法通訳。地方公務員を経てフリーランスでビジネス関連の翻訳、通訳を行った後、現在は司法通訳を中心に、裁判所、検察庁、警察、弁護士会等で英語の通訳を行っている。英検1級。TOEIC 970点。
大阪大学法学部卒業。

山本えり（やまもと　えり）第1章 
あい☆えがお代表。笑顔セラピスト、接遇マナー・コミュニケーション講師。
笑顔・言葉の力、おもてなし・傾聴の心など自身の体験を通して幅広く講演や研修を行っている。
トータルマナー研究所副所長。KCC講師。
著書『心で伝え心で受けとめる心コミュニケーション』。

Voice （第1章）

濱口大樹　　大西祐也 　　藤城智也

（検印省略）

2012年6月20日　初版発行
2014年4月20日　二刷発行

略称―キャリコミュ

キャリアデザインとコミュニケーション

著　者　岩波　薫・峯瀧和典
発行者　塚田尚寛

発行所　東京都文京区春日2-13-1　株式会社　創成社

電　話 03（3868）3867　　FAX 03（5802）6802
出版部 03（3868）3857　　FAX 03（5802）6801
http://www.books-sosei.com　　振替 00150-9-191261

定価はカバーに表示してあります。

©2012 Kaoru Iwanami, Kazunori Minetaki　組版：緑　舎　印刷：亜細亜印刷
ISBN978-4-7944-7072-0 C3036　製本：宮製本所
Printed in Japan　落丁・乱丁本はお取り替えいたします。

――――――――― 実 務 選 書 ―――――――――

キャリアデザインとコミュニケーション	岩波　薫 峯瀧和典	著	2,000円
英会話のためのリーディング	柴田優子	著	1,500円
夢実現へのパスポート	山口一美	編著	1,400円
はじめてのキャンパス・ライフ	山本・石塚・須田 長崎・齋藤・平井	著	1,500円
はじめての観光魅力学	山口一美	編著	2,300円
はじめての国際観光学	山口一美 椎野信雄	編著	2,300円
よくわかる保育所実習	百瀬ユカリ	著	1,500円
実習に役立つ保育技術	百瀬ユカリ	著	1,600円
よくわかる幼稚園実習	百瀬ユカリ	著	1,800円
厳選保育用語集	百瀬ユカリ 小堀哲郎 森川みゆき	編著	2,200円
保育現場の困った人たち ―こんなときどうする？―	百瀬ユカリ	著	1,000円
親子で学ぶマネーレッスン ―おカネ・投資のしあわせな考え方―	岡本和久	著	1,500円
10代からはじめる株式会社計画 ―経営学 VS 11人の大学生―	亀川雅人	著	1,600円
消費税10％上げてはいけない！	大矢野栄次	著	1,600円
マニフェストから学ぶ経済学	大矢野栄次	著	1,600円
豊かな暮らしの産業論	石毛　宏	著	1,800円
中東問題の盲点を突く	中津孝司	編著	1,800円

（本体価格）

――――――――― 創 成 社 ―――――――――